# ◎はじめに

　HACK は、脳の中で行われている計算、情報処理の最小単位ともいえます。

　僕たちは、生活の中で数千とか数万の HACK を組み合わせて生きています。

　歩くことは HACK ですし、雑談も HACK です。

　HACK の積み重ねで脳が機能しているという考え方は、マーヴィン・ミンスキー教授が『心の社会』（原題『The Society of mind』産業図書）で述べています。ミンスキー教授はマサチューセッツ工科大学（MIT）の人工知能研究所の創設者のひとりであり「人工知能の父」と呼ばれています。ミンスキー教授が唱えたのは、心はひとつひとつの HACK からできていて、それらが社会として集まっているのが、人間の脳であり知能であるという考え方です。

　HACK を磨くことで賢くなるし、創造性も高まる。そして、コミュニケーション能力も高まるということは、脳科学では常識といえます。

　また現代は、HACK を共有するという方向になっています。たとえば、学校の勉強の仕方も、勉強ができる子は勉強の HACK ができている子が多い。であれば、その勉強法を勉強が苦手な子に教える。そうすると成績がぐんと伸びることがあります。仕事の仕方もちょっとした HACK をお互いに共有したり、学びあうことで、効率化されることはよくあることです。

小さな HACK 1 個が加わることで、自分がもっている資産が生きてきて、日々成長することができるようになります。
　逆にたった 1 個の HACK が欠けているだけで、仕事がうまくいかないこともあります。
　HACK を今まで自分がもっているスキル、知識と結びつけていくプロセスが必要です。それは、日々の実践でやっていくしかありません。

　本書でも述べていますが、脳 HACK は、たとえば To Do リストを外につくらないということが重要です。
　To Do リストを外につくってしまうのではなく、なんでも脳の中で完結することが大切です。なぜなら、To Do リストを脳内にキープすることで、有機的に順番が入れ替えられ、新しい To Do リストを思いつくこともできます。なるべく脳の中で完結させる、というのが脳 HACK のポイントです。
　人によって違うのでしょうが、僕はメモはなるべくとりません。やはり脳内で完結するほうが、融通が効くのです。メモをとったとしても、メモをとることを目的とするのではなく、メモをとりながら自分と対話することが大切なのだと思います。メモをとることによって脳内で生まれるプロセス、その結果生まれるプロダクトが重要です。
　是非とも、本書で脳 HACK を身につけていただき、最終的な成果物として何かを生み出していただければ著者としてこれ以上の喜びはありません。

●脳 HACK 大全 ─── 目次

◎はじめに

# CHAPTER-1
## 仕事の生産性をあげ、
## アイディアを引き出す

脳HACK／**01**……
■脳の感覚系、運動系能力を鍛える 　　　　　　　　　　　　　*14*

脳HACK／**02**……
■運動系の学習回路を鍛える方法 　　　　　　　　　　　　　*16*

脳HACK／**03**……
■「1時間脳セットアップ法」で、行動を習慣化する 　　　　　*18*

脳HACK／**04**……
■脳の回転速度を落とさないためのスケジュール管理術 　　　*22*

脳HACK／**05**……
■To Doリストは文字化しない 　　　　　　　　　　　　　　*24*

脳HACK／**06**……
■メモではなく、テーマ別のノートをiPadにつくる 　　　　*26*

脳HACK／**07**……
■「深部感覚」を洞察し、生産性があがるパターンを見つける　*28*

脳HACK／**08**……
■前頭葉と側頭葉でアイディア会議 　　　　　　　　　　　　*30*

脳HACK／**09**……
■思考のリフティングでひらめきをキャッチ 　　　　　　　　*32*

脳HACK／**10**……
■無意識を耕すとアイディアが湧いてくる 　　　　　　　　　*36*

脳HACK／**11**……
■アウトプット思考で進める 　　　　　　　　　　　　　　　*40*

脳HACK／12……
■プロダクトに結びつかない手段はデトックスする　　　44

# CHAPTER-2

## ストレスフリーで
## 乗り切る

脳HACK／13……
■「気分転換法」を味方につける　　　46

脳HACK／14……
■「パッシブ」より「アクティブ」のほうが幸せになれる　　　48

脳HACK／15……
■生活の中で「句読点」を打つ　　　50

脳HACK／16……
■不安で何もしないよりは、何かして失敗するほうがいい　　　52

脳HACK／17……
■口癖をコントロールする　　　56

脳HACK／18……
■ウォーキングで頭の整理　　　58

脳HACK／19……
■顔という名のインターフェースに気を配る　　　60

脳HACK／20……
■「セレンディピティ」を呼び込む３つの条件　　　62

脳HACK／21……
■脳は相手のよいところを吸収する　　　64

脳HACK／22……
■楽しいことをイメージすると脳が活性化する 66

脳HACK／23……
■「笑って仕事をする」ことの効果は大きい 68

脳HACK／24……
■ネガティブな感情に名前をつけて、無意識を意識化する 70

脳HACK／25……
■脳のモードを切り替えるとストレスに強くなる 72

脳HACK／26……
■「シャーデンフロイデ」を克服する 76

# CHAPTER-3

## 脳を効率的・集中的に使う

脳HACK／27……
■タイムプレッシャーで脳に負荷をかける 78

脳HACK／28……
■自発的な制限時間設定で「集中力」を高める 80

脳HACK／29……
■集中力を養う「『鶴の恩返し』勉強法」 82

脳HACK／30……
■フロー状態に入る方法 86

脳HACK／31……
■心理的障壁の解消に向け、「瞬間集中法」を習慣化 88

脳HACK / 32……
■「モダリティ」を駆使して効率的に記憶する　　　90

脳HACK / 33……
■自分の脳の状態をモニタリングする　　　94

脳HACK / 34……
■モニタリングによって苦手なことを克服　　　98

脳HACK / 35……
■弱点を得意分野に変える「強化学習」　　　100

脳HACK / 36……
■すきま時間は、ペンなどをもって身体を動かす　　　102

脳HACK / 37……
■簡単な動作で無意識・集中力をコントロールする　　　104

脳HACK / 38……
■SNSは情報収集の場として使う　　　106

脳HACK / 39……
■見るべきサイトを絞る一方でネット断ちの日も設ける　　　108

脳HACK / 40……
■脳のネオフィリアを満足させるコツ　　　110

# CHAPTER-4

疲れない
コミュニケーション

脳HACK / 41……
■初対面の人に興味をもってもらうには？　　　114

脳HACK / 42......
■「私」を意識すると、脳の機能が低下する *116*

脳HACK / 43......
■ターンテイキングがあるほどパフォーマンスはあがる *118*

脳HACK / 44......
■社会的感受性が高いチームほど仕事の成功率が高い *120*

脳HACK / 45......
■脳は無意識に相手の情報を読みとっている *122*

脳HACK / 46......
■コンファビュレーションこそ会話の本質 *124*

脳HACK / 47......
■脳には、文脈を変える技術がある *126*

脳HACK / 48......
■外部性を意識すると脳が活性化 *128*

脳HACK / 49......
■相手の世界を自分の中に取り入れるのが会話 *130*

脳HACK / 50......
■対等な会話による情報交換がベスト *132*

脳HACK / 51......
■脳の中に空白をもつことがアンチエイジングになる *134*

脳HACK / 52......
■「ベターハーフ」と思える相手を見つける *136*

脳HACK / 53......
■会話も創造性の産物 共感 × 好奇心 = 会話力 *138*

脳HACK / 54......
■コミュニケーション不足は、脳の機能を低下させる *140*

脳HACK / 55......
■雑談を楽しめるのは脳が健康な証拠 *142*

脳HACK / **56**……
■ 会話は「予測不可能性」に満ちている　　*144*

脳HACK / **57**……
■ 150人を超えると、親密な人間関係を保てない　　*146*

脳HACK / **58**……
■ ゆるいつながりの人たちからのほうが、仕事をもらえる　　*148*

脳HACK / **59**……
■ 人の意識が進化した理由は、コミュニケーションのため　　*150*

脳HACK / **60**……
■ 中心を外さずに聞くと、本題に戻ることができる　　*152*

## CHAPTER-5

## 脳の整理術

脳HACK / **61**……
■ 脳は「情報を圧縮する」作用をもっている　　*156*

脳HACK / **62**……
■ 行動することで記憶をふるいにかける　　*158*

脳HACK / **63**……
■ 忘れるためには、プロロングド・エクスポージャーが必須　　*160*

脳HACK / **64**……
■ 体験を整理して初めて過去から解放される　　*162*

脳HACK / **65**……
■ フォーカシングで抑圧から解き放たれる　　*164*

脳HACK / **66**……
■ コンプレックスとは複雑に絡み合った感情　　*168*

脳HACK / 67……
■ フォーカシングは「解決」ではなく心のメンテナンスのみ　*170*

脳HACK / 68……
■ 緊張する人は、脳が健全に働いている　*172*

脳HACK / 69……
■ マッスル・コンフュージョン理論を思考法に応用する　*174*

脳HACK / 70……
■ 身についたことは意識しなくなる　*176*

脳HACK / 71……
■ 人見知りは、新しいものだと脳が判別している証　*178*

脳HACK / 72……
■ 脳はひとつのことばかり考えていると疲れてしまう　*180*

脳HACK / 73……
■ 単純作業で悩みを忘れる　*182*


# CHAPTER-6
## 読む・書く・情報収集


脳HACK / 74……
■ 難易度の高い文章で「コンセプト脳」を養う　*186*

脳HACK / 75……
■ 子ども時代の読書体験が「ディテール脳」を鍛える　*188*

脳HACK / 76……
■「自分自身を映す鏡」を見つけ、認識と行動を一致させる　*192*

脳HACK / 77……
■ 書くスピードに近い速さで読む──「ディテール脳」を育てる　*196*

脳HACK / 78……
同じ本を繰り返し読む効果とは？ 200

脳HACK / 79……
自分の古典作品を見つけるために読書する 202

脳HACK / 80……
なぜ読書は脳によいのか？ 206

脳HACK / 81……
記憶の引き出し回路を鍛える 208

脳HACK / 82……
頭のいい人は記憶の編集能力が高い 212

脳HACK / 83……
自伝を書くことは脳の最高のトレーニング 216

脳HACK / 84……
論文や報告書は、「悪魔の代言者」が検証 218

脳HACK / 85……
文章がうまくなりたければ、人生を充実させる 220

脳HACK / 86……
文章には、技術＋「心の理論」が必要 222

脳HACK / 87……
「拾い読みする」「じっくり読む」それぞれの脳への効果 224

脳HACK / 88……
ブログによるデブリーフィング効果 226

脳HACK / 89……
ツイッターは情報収集の場としてとらえる 228

脳HACK / 90……
ネットでの情報収集には「英文読解力」が必須 230

脳HACK / 91……
手書きとパソコン入力、脳にはどちらがよい？ 232

# CHAPTER-7
## 習慣化して続けること
### 〜グリッドの技術〜

脳HACK / 92……
**朝の3時間が脳のゴールデンタイム** *234*

脳HACK / 93……
**脳の白質は、成果に関係なく努力したぶんだけ太くなる** *236*

脳HACK / 94……
**脳の回路は表情筋に影響される** *238*

脳HACK / 95……
**ジョギングで脳を鍛える** *240*

脳HACK / 96……
**「未来は明るい」と思うほど、脳の楽観回路が働く** *242*

脳HACK / 97……
**毎日の喜びでシナプスがつなぎ変わる** *246*

脳HACK / 98……
**好きな音楽を聴くだけで、脳は活性化する** *248*

脳HACK / 99……
**脳をバランスよく使うと、疲れない** *250*

脳HACK / 100……
**脳内のバブル活動のあと、脳は何かを学ぶ** *254*

# CHAPTER-1

## 仕事の生産性をあげ、アイディアを引き出す

# 脳HACK／01

# 脳の感覚系、
# 運動系能力を鍛える

「本に書かれている仕事術を真似してみたけど、思うような結果が出なくてあきらめた」「ランニングを始めたけれど、すぐに疲れてやめてしまった」

このように、自分のアウトプットに満足できなくて、やめてしまった経験や、いまだに実行していない行動はないでしょうか？

原因のひとつとして考えられるのが、脳の「感覚系の学習」と「運動系の学習」のバランスがとれていないことです。「感覚系」は見る、聞く、感じるなどの五感を通して情報を受け取った時、主にその処理や認知を行う領域のことです。これに対して「運動系」は、実際に手足や口などを動かすことを 司 る領域です。

ごく簡単にいうと、**脳は主に感覚系で情報を「入力」し、運動系を使って「出力」しています。ここでいう「入力」とはすなわち「理解する」ということであり、「出力」は「実践する」ということです。**

感覚系のほうは、美術館に行って素晴らしい絵画を見たり、一流の音楽家の演奏を聴いたり、よい映画を観て感動した時に、飛躍的に成長する可能性を秘めています。

感覚系を鍛えるためには、音楽でもスポーツでも、生で聴き、観ることが大切なのです。

## 運動系と感覚系の関係

**運動系学習**

例▶・文章を書く
　　・速いボールを投げる
　　・上手に説明する　など…

●実際にアウトプットしないと鍛えられない。
●強化学習によって、シナプス結合を強める。

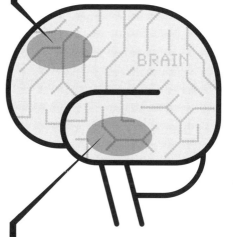

**感覚系学習**

例▶・感動する
　　・理想的なものを見る
　　・よりよいものがあることを認識する
　　　など…

●一流に触れる、よいものを見るなど、ちょっとしたきっかけで飛躍的に伸びることがある。

# 脳HACK／02

# 運動系の学習回路を
# 鍛える方法

「運動系の学習」は、身体を使って情報を出力する時に重要な働きをします。手を動かして絵を描く、声に出して歌を歌う、思ったことを文章にして表すなど、能動的な運動を通して表現する場合、アウトプットの精度は、運動系学習の回路がどれだけ鍛えられているかに依拠するのです。

感覚系がちょっとしたきっかけで飛躍的に伸びるのに対して、運動系学習は反復でしか鍛えることができません。

そこで最近、僕は暇を見つけては、夏目漱石の『吾輩は猫である』の書写をしています。パソコンで原稿を書くことが多くなったため、漢字を忘れてしまうことが多くなり、その対策にしようと考えたのです。かの文豪の名著の一字一句を手書きで写しているうちに、意外な発見もあります。漱石は、「さんま」を秋刀魚と書かずに、当て字で「三馬」と書いていたというように。

ここで、ふと思い出したのが『古事記』です。『古事記』の有名な一文に「やくもたつ　いづもやへがき　つまごみに」というものがあります。

原文は「夜久毛多都伊豆毛夜幣賀岐都麻碁微爾」と、僕たちから見れば当て字だらけで書かれているのです。その時、初めて「当て字とは日本が生んだひとつの偉大な文化であって、正しく書くことがすべてではない」と感じたのです。

『吾輩は猫である』の書写を行わなければ、漱石が「三馬」

という当て字を使っていることを読み流していたでしょう。そして「当て字は日本の文化のひとつだ」ということにも気づかなかったかもしれません。

**運動系学習の回路は、見ているだけでは絶対に鍛えることができません。実際に自分の手足を動かしてみなければならない**のです。

実際に自分が興味をもって眺めていたこと、たとえば各種勉強会への参加、絵画、スポーツ、音楽などなんでもよいのです。実際にやってみると、「あぁ、実際はこうだったのか！」という驚きが少なからずあると思います。その時、あなたの「感覚系学習」と「運動系学習」のサイクルは気持ちよく回っているのです。

つまり、感覚系と運動系の学習回路は、車の両輪の関係にあります。

ただ、感覚系のほうが発達しすぎてしまうと「納得のいくものがつくれない」となり、反対に運動系が発達しすぎると「つまらない成果物」になってしまうというアンバランスが起こるので注意が必要です。

**最近はインターネットの発達により、インプットの機会が飛躍的に増えたため、感覚系が発達している人が多い傾向にありますので、意識的にアウトプットをしてバランスをとりましょう。**

絵画、音楽、スポーツなど
何でもよいのでやってみる

# 脳HACK／03

# 「1時間脳セットアップ法」で、行動を習慣化する

　運動系の学習を鍛えるためには、アウトプットが大事なことはわかっていますが、いざ行動を起こそうと思っても、かつて大学院時代の僕が論文を前に「ああでもない、こうでもない」と悩み続けていたように、「わかっちゃいるけど、できない」という状態に陥ることがあります。

　しかし、こういう時こそ、手足や口を動かすことが大切なのです。僕は、日々の仕事の中で**「躊躇しないで、とりあえず取り組んでみる」ために、行動に「タイムプレッシャー」をかける**ことにしています。

「タイムプレッシャー」とは、自分の作業に時間制限を設けることで脳に負荷をかけ、それを乗り越えた時の喜びによって、脳の回路を鍛えるやり方です。

　勉強と違って、仕事には「正解」がありません。ですから、完璧を目指そうとすると、ついだらだらと続けてしまうことがあります。しかしそれではいつまで経ってもアウトプットができないため、自分の仕事が「よいのか悪いのか」を判断できないし、何よりも前に進まないことが多いのです。

　自分に対して強制的に出力を促し、なおかつ感覚系と運動系のバランスをとることにも役立つ。仕事に時間制限を設けるのは、意外に有効な方法です。

　やり方は簡単。仕事を始める時に「1時間以内にこの仕事をここまでやる」「この時間までにこれだけの分量の仕事を

こなす」といった目標を設定して、実現できるように全力を尽くす。この目標は勉強の時と同じように、「自分にはちょっと難しいかもしれない」というレベルに設定するのが理想です。

僕は、これを「自分と無理めの契約を結ぶ」と呼んでいます。

原稿を書く時で考えてみましょう。僕の場合、週刊誌の連載はだいたい2000文字くらいあります。原稿用紙にすると5枚程度です。急いで書けば、だいたい1時間で12枚程度書くことができます。1枚あたり5分程度ですから、2000文字だと約25分。しかしこれを、たとえば20分くらいで書くことにするのです。実際には、推敲したり、資料調べをしたりするのでもっと時間がかかることもあります。しかし、たとえ3時間かかったとしても、それをあたかも20分で終わらせるくらいにフル回転していればいいのです。

**タイムプレッシャーをかけて作業する時は、複数のことを同時にやろうとしないで、1～2時間で終わるものひとつに集中することが大切です。僕はこれを「1時間脳セットアップ法」と呼んでいます。**

これは、脳の「ワーキングメモリ」という機能に関係しています。

ワーキングメモリは、前頭葉を中心とした神経ネットワークの一部が関与している働きで、作業のために一時的に長期記憶を集めて情報を保ち、タスクの操作と管理を行っていると考えられています。そして、脳の司令塔といわれる「LPFC（Lateral prefrontal cortex：前頭前野外側部）」などが中心になって、作業のセットアップ（準備）を行います。

もしこのセットアップの期限が明日や1週間後など中長期のものになってしまうと、その間に他の仕事をしたり、食事やお風呂、睡眠といった「別の行動」が入ってくるため、そのたびにワーキングメモリがセットアップをやり直す必要が生じます。ひとつのワーキングメモリのセットアップで有効なのはひとつの作業だけですから、別の作業を入れようとすると、そのつど作業に必要な記憶や情報を解散し、再び召集をかけて「全員集合」まで待たなければならないのです。ですから、タイムプレッシャーによる時間制限は、最長で1〜2時間程度にしましょう。それ以上になると、かえって集中力が途切れる可能性があるのです。

　いわゆる「締切を守れない人」は、期限を長期に設定し、そこを意識するあまり、直前のタスクをおろそかにしているケースが多いのではないでしょうか。しかし長期の目標は、目の前の小さなタスクを積み重ねることによってしか実現できません。

　お伽噺の『ウサギとカメ』ではないですが、目標を達成するためには、目の前の仕事に集中し、小さな成功や実績を積み重ねていくことが意外に大切なのです。

**1、2時間で終わるひとつのことに集中する**

## 「1時間脳セットアップ法」

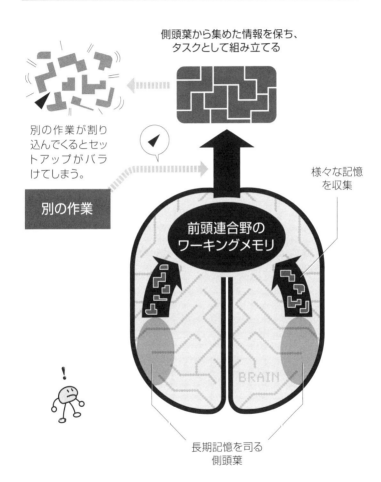

脳のワーキングメモリのセットアップが保てるのは、大体1～2時間程度。複雑なことだと、一度にひとつのことしかできない。作業や仕事は、小さく分割し、一つひとつを着実にこなしていくほうがいい。

# 脳HACK／04

# 脳の回転速度を落とさないためのスケジュール管理術

　僕がケンブリッジ大学に留学していた頃の恩師ホラス・バーローの情報整理は、非常に大胆なものでした。研究所には、一人ひとりに郵便物の仕分け箱があります。彼はそこから溢れんばかりの郵便物を取ってきて、次々に開封すると、内容を一瞥しただけでそのままゴミ箱に捨ててしまうのです。ところが、大事な郵便物だけは漏れなくピックアップします。

　ホラスは、なぜ手紙を簡単に捨ててしまうのか。それは**脳のポテンシャル（潜在能力）を最大限に発揮するには、「情報の整理や暗記に頭を使わないこと」を重視している**からです。細かい情報は破棄したほうが、脳の活動のほとんどを思考や創造に充てることができます。

　僕は、脳に入れる情報量を調整するために、スケジュール管理などもインターネットを使ってやっています。今は便利なツールがたくさんありますから、ＩＴ技術をフル活用しない手はありません。ですから、スケジュール管理を含めて、実務的な情報整理はほとんどネットとパソコンに任せています。

　そのやり方は、ホラスの仕事術と同じようなものです。脳の回転速度を落とさないために、脳に情報を溜め込まないようにするのです。しかし残念ながら、僕はまだホラスのように「全部ゴミ箱に捨てる」という境地には達していません。そのため、ひとまず「処理し終わった案件」として、なるべく脳の外に捨てることにしたのです。

まず、日々のスケジュールは、グーグルカレンダーで管理しています。原稿の締切や取材の日程、テレビの収録予定など、アポイントメントを求められたら、そこが会議室だろうが居酒屋だろうが、かまわずパソコンを開き、その場で予定を確認します。

　そして、なるべくその場で「○月×日△時、□□の取材」と約束し、詳細を書き込んでしまいます。「あとで、飲み会が終わった時に書こう」となると、書き込むまでの間、脳の片隅にその情報を置いておかなければなりません。忘れないように気をつける必要もあります。しかし、これでは脳の回転速度が落ちてしまいます。ですから、その場ですべて処理してしまうのです。

　今ではグーグルカレンダーに予定を入れる時は、「何時から何時まで○○」といったように細かくタイムゾーンを指定したり、重要度によって色分けもしません。細かくタイムゾーンを決めなくても文字情報として「何時から何時まで○○」と書いておけばそれで済むわけですから、最低限のことしか書きません。スケジュールのデトックス化とでもいいましょうか。このやり方のほうが断然効率的です。

　そして、前日の夜などにカレンダーを見て「よし、明日はこの仕事だな」と確認します。そこで初めて「確か、強化学習のインタビューだったよな」とか「明日は研究所で心脳問題の話だ」と、記憶を引っ張りだすわけです。

 **その場で予定を確認し、書き込む**

# 脳HACK／05

# To Do リストは
# 文字化しない

　スケジュール管理の際に決めていることは、「To Do リスト」をパソコン上でも紙の上でも書かないことです。

　もちろん、人に会うなどのアポイントメントは、グーグルカレンダーに書きますが、原稿の締切や論文の締切など、何かをしなければならないものは、絶対に外部リスト化はしません。ではどうするのかというと、頭の中に随時変更可能なTo Do リストをつくって、臨機応変にやるべきことをやっています。

　To Do リストを外部リスト化してしまうと、やるべきことが固定化されてしまってフレキシブルではなくなり、自由度が低下します。すると、To Do リストの順番通りに仕事をしていると、別の仕事の発想を思いついても柔軟に対応できません。

　僕も大学時代は Filofax（ファイロファックス）などの高級システム手帳を使って、To Do リストを書き出していた時期がありました。しかしある時期に、To Do リストを書き出しても意味がないことに気がついたのです。

　意味がない、というのは、書いたことで安心してしまって結局実行に移せなかったり、To Do リストを書いている時間そのものが無駄だからです。

　また、**外部リスト化した To Do リストは、遂行するのが難しい**といわれています。その理由は、どんなに細かく To

Do リストをつくっても、短期的な仕事や長期的な仕事、単純作業、アイディア出し、打ち合わせ、資料の読み込み、データ作成など複雑に入り組んでいるため、膨大な仕事を処理する場面ではなかなか思い通りにはいかないからです。

特に現代のように社会の変化が激しい時は、To Do リストは常に見直されるべきものになっていますから、書き出しても意味がありません。

一方で、頭の中の To Do リストは、生き物のように変わっていく状況を読みながら、瞬時に今やるべきこと、一番重要なことに目を向けることができます。頭の中の To Do リストならば、固定化されていないぶん柔軟に変化させていくことができます。

「頭の中だけの To Do リストでは忘れてしまわないか？」という質問をよく受けますが、**頭の中の To Do リストは前頭葉のワーキングメモリに入っています**。そして脳にとっては、次に何をやるべきかはすごく大事な情報です。なぜなら To Do リストなどない時代から、たとえば農作業では、「この時期にはこの植物の種を蒔こう」とか「そろそろ草取りをしなくちゃ」と、今やるべきことがきちんと頭に入っていないと生き残れなかったからです。つまり、脳は大事なことは忘れずに遂行するようにできているのです。

## To Do リストは前頭葉の ワーキングメモリに入れる

# 脳HACK／06

# メモではなく、テーマ別のノートをiPadにつくる

　脳は、メモをとることで忘れっぽくなってしまうという特徴をもっています。いわゆる「グーグル効果」といって、「わからないことや、思い出せないことがあればグーグルで調べればいいや」と思って、グーグル検索に頼り切っていると、脳は「安易に手に入るこの情報は、記憶しなくてもいいものだ」と判断してしまいます。同じことがメモをとるという行為にもあります。**メモにとることで、つまり情報を脳の外に記録することで、脳は忘れてもいい情報だと判断する**のです。

　ですから、僕は大事な記憶を忘れないためにも、あえてメモをとりません。脳は、本当に大事なことはメモをとらなくても覚えているものだからです。もしメモをとらずに忘れてしまったアイディアがあったとしたら、それはもともとたいしたアイディアではなかっただろう、と考えてやり過ごします。実際に、忘れてしまうものはたいしたアイディアではありません。

　メモはとりませんが、iPadに自分が今、調べているテーマ別にノートをつくっています。アイディアが浮かぶとすぐに書き込むようにしているのです。

 **》思い出せないアイディアは忘れていい**

CHAPTER-1 仕事の生産性をあげ、アイディアを引き出す

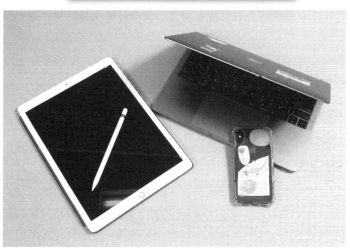

■ iPone、iPad、Mac15インチノートをTUMIのリュックに入れて移動している。

## 脳HACK／07

# 「深部感覚」を洞察し、生産性があがるパターンを見つける

　いわゆる「できる人」ほど、いきなり核心を突いた仕事をします。スティーブ・ジョブズやビル・ゲイツは段取りや前置きは省いて、いきなりビジネスの核心に入ることで有名です。

　とはいえ、「まず行動を起こす」といっても、「エンジンがかからず、身体がいうことをきかない」ということもあると思います。

　そういう時は、**自分にとって「集中して仕事ができるパターン」をつくることが大切**です。自分を「パターン」の中におくことによって、素晴らしいパフォーマンスを発揮しているのが元メジャーリーガーのイチローさんです。

　イチローさんは、打席に立つまでの間、必ず「同じ行動」をとるといいます。

　ホームゲームの試合前には、以前は奥さんがつくったカレーを食べ、好きなDVDを観てから球場に向かいます。そして試合前の練習、自分のバッティングに入るまでの道のりや様々な所作に、厳密なステップをもっているのです。そのようにして、バッターボックスに立った時、常に最高の状態になるように自分をおいているのです。

　人間の「集中力」や「感覚」はあいまいなもので、一度う

まくいったことに再会すれば「これだ」とわかります。しかし、そこに至る過程はなかなかわからないものです。そのため「あの時はうまくいったんだけどな……」と再現不可能なものだと思い込んでしまいます。

しかし、人間の脳が捉える情報は「見る」「聞く」といった視覚・聴覚だけではありません。五感以外に、身体の中の「深部感覚」と呼ばれるものがあります。

たとえば「虫が好かない」とか「嫌な予感がする」といった感覚は、外部からの情報に身体が反応し、そのシグナルを脳がキャッチして起こるものだと考えられています。

こうした身体の内部の様々な部分から、「見る」「聞く」といった外部からもたらされる情報と同じくらい、あるいはそれ以上の量の情報が、目に見えないかたちでもたらされています。

イチローさんは毎回「同じパターン」を細部にいたるまで厳密に再現することで、「集中力」や「うまくいく時の感覚」といった目に見えないものをコントロールしているわけです。

自分を「パターン」の中におくことは、なにもイチローさんのような天才にしかできないことではありません。**パフォーマンスを高めるために「自分のパターンを知っておく」こと**は、僕たちも日々の生活で応用できることなのです。たとえば、パフォーマンスがもっとも上がる「得意な時間帯」を見つけるのも手です。

 **自分の得意なパターンを知る**

# 脳HACK／08

# 前頭葉と側頭葉で
# アイディア会議

　　創造性が発揮される瞬間とは、実は記憶メカニズムの応用編なのです。

　　人間は外部からの情報を受け取った時、それを記憶として脳の側頭葉に蓄えていきます。脳に入力された情報や記憶は、運動系の出力を経て「意味付け」をされて初めて、他の状況などに応用可能な「経験」となります。そして、側頭葉に蓄えられている「経験」が、意識を司る前頭葉の方針に従って編集される時、新しいものが生み出されます。つまり「経験」という要素がないと創造性を発揮できないのです。

　　次に大切なのが「意欲」です。

　　脳の中で、「これをやりたい」や「これがいい」といった**意欲や価値判断を司っているのは前頭葉です。アイディアが必要になった時、まず前頭葉が側頭葉に「こういうものが欲しいんだけど、何か役立ちそうな経験はない？」とリクエストを送ります。**すると、側頭葉は一番近いものを出そうと、組み合わせや結びつきを変えたりと試行錯誤を重ねます。そして、様々な記憶の中から、「これはどうですか？」「こっちは？」と、次から次へと前頭葉に送っていきます。

　　前頭葉はそれをもとに「これは違う」「こっちはちょっと近い」と価値判断をしながら、やりとりを繰り返します。やがて「これだ！」というのが見つかった瞬間が、創造性を発揮してアイディアを生み出した時になるわけです。

これはまさに日々のアイディア会議です。

まず、議長役の人が「こういうものがいいんだけど、何かアイディアはない？」という成功イメージを提示し、みんなが自分の経験や感性をもとに様々な意見・企画を出し合う。そして話し合いをしながら、「これは違う」「これはちょっと近い」「これ、いいね」「じゃあ、それで行こう」と企画の精度を高めていく。

創造性を発揮するために脳がやっていることは、まさに前頭葉と側頭葉がアイディア会議をしているようなものというわけです。

### アイディアは前頭葉と側頭葉の会議で生まれる

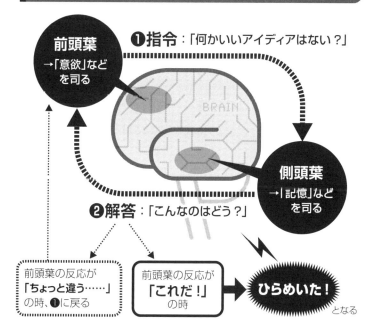

# 脳HACK／09

# 思考のリフティングで
# ひらめきをキャッチ

　**アイディアは、側頭葉がつくり出した「経験」と前頭葉が発信する「意欲」の掛け算によって生み出されます。**したがって、側頭葉の経験の蓄積が大きい人ほど新しいものを生み出せるし、前頭葉の何かをしたいという意欲が強い人もやはりアイディアを生み出すことができます。

　ただ、経験と意欲の両方があれば、いきなりアイディアを出せるというわけではありません。素晴らしいアイディアを出すためには「ひらめき」が欠かせないのです。

　たとえば、アイザック・ニュートンは木から落ちるリンゴを見て「万有引力の法則」のひらめきを得ました。また、アルキメデスはお風呂に入った時、浴槽からお湯が溢れるのを見て「アルキメデスの原理」を思いつきます。

　このひらめきは、経験と意欲だけではどうにもなりません。では、インスピレーションを得るためにはどうすればいいのでしょうか。

　それには日頃から「準備」をしておくことが大切になります。ここでいう「準備」とは、大きく分けて2つあります。ひとつは「思考のリフティング」を続けること。もうひとつは「世界に問いかける」ということです。

　思考のリフティングとは、すなわち「普段からどれだけ勉強しているか」、そして「どれだけ自分の頭で考えているか」といった日々の基本的な努力のことです。

サッカーでいえば、ボールコントロールの感覚を養うために、日頃からリフティングという練習をします。サッカー少年がボールを地面に落とさないように蹴り続けていますね。日頃からこうした基礎トレーニングをしていないと、いざ試合に出ても活躍できないのです。創造性を発揮する時も、実はこうした基礎練習、つまり準備が欠かせないのです。

常に考え続けるという行動は、「疑問をもち続ける」ということでもあります。「リンゴは木から落ちるものだ」「風呂に入ればお湯が溢れるのは当たり前だろう」という問いかけをしないでいると、いざヒントに近づいた時に、それをつかみとることができません。

ひらめきを得るために日頃から準備しておくのは、脳科学の知見からいっても、とても大切なことです。

実は、**人間の脳には「いつ起こるかわからないひらめきをキャッチする」ための回路が備わっている**のです。

側頭葉にある「ACC（前帯状皮質）」と、その近くにある前頭葉の「LPFC（前頭前野外側部）」がそれです。

ACCは、面白いことや新しいことを発見した時にシグナルを送る機能を担っています。言い換えれば「面白アンテナ回路」です。注目すべき情報が入ってきたり、面白い情報の連結が起こった時に、「今、面白いことが側頭葉で起こっているから、注目してください」とLPFCに情報を送るのです。

一方、LPFCは脳の司令塔ともいうべき場所です。ACCから送られてきた情報をもとに、脳内の各神経細胞に信号を送って活発に働かせたり、逆に休ませたりしながら、特定の情報に脳を集中させる役割をもっています。

脳の中のアンテナと司令塔。これら2つの連係プレーで、脳はひらめきのタネがないか、常に見張っているのです。

　このひらめく力をより大きく育む(はぐく)ためには、リラックスした状態をつくり出すことが大切です。根をつめて仕事や作業をしている時には一向に思いつかなかったのに、ちょっと休憩したり散歩している時に、ふっといいアイディアがひらめいたといったことは、みなさんも経験したことがあると思います。

　実は、記憶の整理による情報の連結は、脳の中で常に起こっている現象なのです。ただ、それに自分で気づかなかったり、関心をもとうとしなかったりするだけのことなのです。

　しかしこうした「ひらめき現象」を放っておくと、アンテナ回路は「なんだ、興味がないんだな」と、どんどん弱体化していきます。

　では、せっかく生まれた「ひらめき」を逃さないようにするには、どうすればいいのでしょうか。それには「釣りをする漁師の心境」でいることです。

　心身ともに、いつ魚のあたりが来ても大丈夫な状態にしておいて、面白いことが起きたら、「これ、いただき」というようにパッと捕まえる。たとえ、今やっている目の前の仕事とは関係がなくても、いち早く反応する。アンテナ回路を鍛えるためには、これが重要なのです。

「ひらめき現象」を放っておくと弱体化する

## 「『面白アンテナ』ACCとLPFCの働き」

### ●脳の中では、ひんぱんに「ひらめき」が起きている

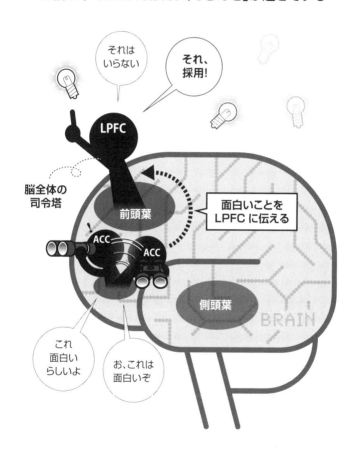

ACCは、脳の中で面白いことを発見した時、前頭葉のLPFCにシグナルを送る。LPFCはそれをもとに、「どの神経細胞を活発化させるか」という指令を送ると考えられている。

# 脳HACK／10

# 無意識を耕すと
# アイディアが湧いてくる

　世界的に高い評価を得ているデザイナーの吉岡徳仁さん
に、アイディアを生み出す方法について、興味深い話を伺い
ました。吉岡さんはひとつのアイディアを形にする時に、た
くさんのアイディアの中からひとつを選ぶという方法ではな
く、ひとつのアイディアを「生き物」のように捉えてそれを
育てていく、という考え方をしています。

　具体的に何をしているのかというと、出来上がったデザイ
ンをさらにブラッシュアップするために、対象にずっと向き
合うのではなく、身近に置いて、ほかの仕事をしながら時々
チェックするということ。それは「意識」で見るのではなく
「無意識」で見る。そういうことなのだろうと僕は解釈しま
した。

　「意識」で正面から見ると、それなりの見え方になってしま
う。でも周縁で見る、つまり「無意識」で見ることによって、
かえって本質がわかることがあります。

　周縁で見ていると、常にそのアイディアが気にかかってい
る状態になり、その時、脳の中では、無意識のプロセスが、
気になっている何かをいろいろと処理し続けているのです。

　意識が処理できることは一度にひとつだし、そこには限界
があります。しかし、無意識ではもっと並列的にいろいろな
ことが起こりうるのです。

　意識は逐次処理、無意識は並列処理といってもいいでしょ

う。だからこそ創造性は基本的に、並列的な無意識の中でしか起こりようがないという結論を導き出すことができるのです。

実は、人が意識できているものというのは氷山の一角にすぎず、意識は水面下にある大きな無意識によって支えられているのです。

だからこそ、水面下にある無意識を膨らませることが、結果的には大きな創造性を育むことにつながっていくのです。

吉岡さんのアイディアを育てていくという方法は、この無意識の働きをいかに自然な形で引き出すか、ということだったのです。

一流のクリエイターたちは、総じてこの無意識の使い方に長けています。

その理由としては、メモやビジュアルを使って意識しながら新しいものをつくり出すということよりも、もっとすごいことが脳の中では起こっているからです。

**無意識の中に仮にメモのようなものがあるとしたら、意識に上っているメモを圧倒するような数のメモが、新しいアイディアを生み出すために、うごめいている**のです。

この無意識の中でうごめいているものこそが、生きている情報なのです。自分の頭の中にあるこの生きた情報を、常に捕まえていないといけません。

到底すべてを把握することはできませんが、無意識の中に息づいているその生きた情報を常に気にしておくことが大事なのです。

一流のクリエイターたちはそのことを知っているので、無

意識の中から一気にセレクトして、素晴らしいアイディアを生み出すのです。

僕も常にこの無意識を膨らませることを心がけています。

たとえば原稿を書く時は常に、無意識の中に浮かぶ氷山の頭だけを探します。この氷山の頭さえつかむことができれば、あとは書き始めてしまうことによって、それに付随した無意識の塊（かたまり）がわぁーっとやってきて、その力に乗って書き終えることができるのです。

講演会にしても同じです。あるテーマで話をしてほしいといわれた時に、そのテーマと、自分の中で折に触れて練り込んでいるテーマとを、どう結びつけたらいいかということを考えてみる。これが氷山の頭を探すという行為です。

そしてそれをつかむことができたら、あとはテーマに沿って、無意識の塊から湧き上がってくるものを組み立てればいいと考えることができます。

その時点ですべてのストーリーができているわけではないのですが、氷山の頭をつかんだ時点で、この話は成立するな、ということがわかるわけです。

しかし、無意識で見るためには、自分の中に情報や知識の集積が必要になってきます。何もないところからは何も生まれないのですから。そのような意味でも、日頃から**「思考のリフティング」**を続け、**「世界に問いかけていく」**ことが大**切**です。「世界に問いかける」とは、「こんなもんだろう」とか「それは当たり前だ」と簡単に割り切るのではなく、「自分に足りないものは何か？」「本当にこれでいいのか？」と日頃から粘り強く考えていくことです。

世界に対して質問をし続けていると、ある日、答えに近づいた時、必ず「あ、これだったんだ」と気づきます。

これが「無意識を耕す」という準備です。日頃から考える習慣をつけておけば、必ず創造性を発揮できるようになるはずです。

### 意識と無意識では情報の処理方法が異なる

**意識** ＝ 逐次処理
〈ひとつずつ処理していくしかない〉

時間の経過

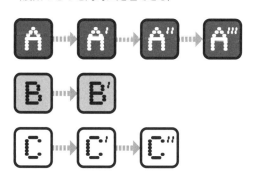

**無意識** ＝ 並列処理
〈複数のものを同時に処理できる〉

# 脳HACK／11

# アウトプット思考で進める

　自分で言うのもなんですが、僕は文章を書くのが速いです。ブログや雑誌の連載記事、エッセイなどは、パソコンを使って1時間で4000字書きます。400字詰め原稿用紙に換算すると、1時間で10枚といったところです。

　なぜ、そんなに速く書けるのかというと、アウトプットの時間とインプットの時間を分けているから。アウトプットする時は、ファクトチェック（事実に基づいているかどうかを調べて、正確な情報を記すこと）をしないでどんどん書いていきます。

　もちろん、論文を書く時は事実関係に基づいているかどうか、引用元はどこかなど、きちんと調べてから書くようにしていますが……。しかし、エッセイなどはあいまいな記憶のまま書きます。

　アウトプットの時は、なるべく事実を調べず自分の主観に従って、生鮮食品のように取り出すのが正しいと思っています。そして、事実があいまいなことを文章の中できちんと書きます。「記憶があいまいなのですが……」というように。あいまいなまま書くことで、文章の鮮度が保たれるわけです。

　アイディア出しの時も同じことが言えます。アイディアを出していく時に、いちいちファクトチェックをしていたら、インプットに気をとられて、せっかくアウトプット思考になっていた脳の活動が止まってしまいます。つまり、ファクト

チェック（インプット）をしていると、アウトプットが止まってしまうわけです。そこで、事実はあとでいくらでも調べられるのだから、アウトプットの時間はそれに専念すべきです。

そもそも**「インプット」と「アウトプット」の間にはズレが存在します**。ズレとは、多くの人がアウトプット（運動系学習）よりもインプット（感覚系学習）のほうが多いというバランスを欠いた状態で生じます。

インプットをたくさん行って、どういうものがいいものなのか、という感覚は身についている。しかし、いざアウトプットをしてみると、「自分が言いたいことがすべて表現できていない」と思うことが多いでしょう。これは、ほとんどの人が頭の中にある情報を完璧に出力できていないからです。これが入力と出力の間にあるズレというわけです。

それではなぜ、両者の間にはズレがあるのでしょうか。実は、これは脳の仕組みと関係しています。

**人間の脳の中では、感覚系学習と運動系学習を司る領域は直接つながっていません**。感覚系と運動系が直接連絡をとれないため、それぞれの回路は別の経験をもとに成長していきます。そのため、過去の経験が感覚系と運動系のどちらかに偏っていると、一方が大きくなるなどバランスを欠いた状態になってしまうわけです。

感覚系学習と運動系学習のコミュニケーションを行うためには出力が欠かせません。

感覚系回路からインプットした情報を運動系回路を通して一度外部に出力し、再び感覚系回路で入力する。このサイク

ルが成立して初めて、感覚系と運動系が同じ情報を共有できるわけです。

これは、人間の記憶の仕組みにも共通していえることです。

人間の脳は、情報をインプットしても「そのままのかたち」で保存しておくことはできません。残念ながら、人間の脳の容量には限界があるためです。

脳に入った情報は、そのままでは断片化したままですが、そこに「行動」や「経験」を加えることによって、少しずつ整理・編集され、「意味」という抽象概念に変換されます。この抽象化のプロセスを経ることによって、他の行動に応用がきくようになり、ここで初めて「役立つ経験」となります。

これと同じように、**脳における情報処理も、入力と同じぶんだけ出力を行って、サイクルとして"閉じさせる"ことが大切**なのです。

その理想の状態はキャッチボールです。キャッチボールは「ボールを受け取る」と「ボールを投げる」を同じ回数だけ行わないと成立しません。運動系と感覚系のバランスをとるためには、よいものにたくさん触れて、それと同じ分量だけ自分でも表現してみることが大切なのです。

 入力したものは意識して出力する

## 感覚系と運動系のバランスを一致させるには

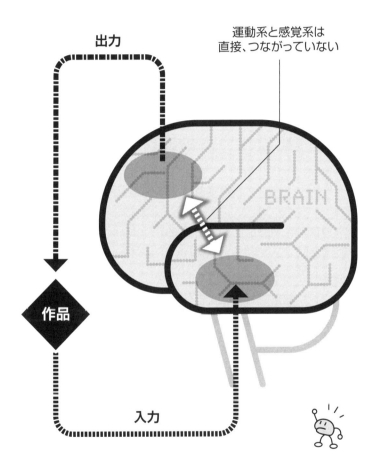

運動系と感覚系は脳内で直接つながっていないので、
「作品（アウトプット）」を媒介にリンクさせていくしかない。

# 脳HACK／12

# プロダクトに結びつかない手段はデトックスする

　僕が学生の頃はまだウィンドウズ95も発売されていなかったので、紙の手帳やノートを使っていました。その頃に、どうやったら勉強や仕事の効率があがるか、といった今でいうハウツーものの本も読み漁っていましたね。

　それらの本には、「ノートは色分けして使え」とか「ノートはきれいにとれ」「手帳は、仕事とプライベートの予定は別々に書け」など一見素晴らしそうに見えることがいろいろ書いてありました。

　当時は学生とはいえ科学者の端くれでしたから、本に書いてあることをとりあえず全部試してみます。試した結果、無駄だな、という結論に至りました。

　**ノートや記録をとること自体が目的化してしまって、最終的なプロダクトに結びつかない**からです。

 記録をとることを目的化しない

## CHAPTER-2

ストレスフリーで
乗り切る

# 脳HACK／13

# 「気分転換法」を
# 味方につける

　感情は脳がつくり出しています。

　喜びや悲しみ、怒りなどの感情が脳でつくられると、そこから身体の様々な器官に指令が送られます。つまり頭からつま先まで神経が張り巡らされていて、**脳内での情報は、脳から身体の各器官へと伝えられています。このシステムは、脳と脊髄にある神経細胞が神経系によって連結されており、セントラル・ナーバス・システム（中枢神経系）といわれます。**

　そしてセントラル・ナーバス・システムは、内分泌系やホルモン、末梢神経、免疫系などとも非常に深い関係があるので、脳から送られた神経伝達物質は、やがて身体全体に影響を与えます。いつもイライラしている人、不安感でいっぱいの人、うつ状態で元気が出ない人は、単に気分が落ち込んでいるというだけではなく、実際に内分泌系やホルモンの分泌が乱れているのです。

　ここで大切なのはイライラの継続時間です。たとえば締切に追われている人は、その間、当然のことながらプレッシャーにさらされています。しかし、そのような人が必ずしも体調を崩すかといえばそうではありません。なぜなら短時間のプレッシャーは、良いプレッシャーだからです。その仕事さえ終われば、後は気分転換ができる。そのようなプレッシャーはむしろ仕事を効率的に進め、集中力を生み出します。

　「この仕事を終えなくてはならない」「ちゃんと完成できる

だろうか」――仕事をしている間はこのように強いプレッシャーを感じていても、いざ締切日が来て提出してしまえば、それまでの緊張から精神は解き放たれます。

精神とバネは似ています。一時的に縮んでも、次の瞬間に伸びることさえできれば、脳も身体も不調に陥ることはありません。

大切なのは、ムードを引きずらないこと。現実にはつらいことはもう終わっているのに、その切り替えがうまくできずに引きずってしまうと、脳はもはや終わっているプレッシャーもまだ続いていると勘違いしてしまい、バネを縮めたまま硬直してしまいます。そのバネを伸ばして解放させるための気分転換法を身につけてください。

 **短時間集中して切り替えるほうが効率がよい**

# 脳HACK／14

# 「パッシブ」より「アクティブ」のほうが幸せになれる

　近年の研究により、パッシブ（受動的）なことよりも、アクティブ（能動的）なことのほうが幸せには寄与することが明らかになってきました。

　**ストレス発散のためにテレビを観る、映画を観る、買い物をするなどの行動をとる人は多いでしょうが、実はこれらは「パッシブ・レジャー」といい、受動的な楽しみです。**自分で積極的かつ主体的に行動するレジャーではなく、あくまで受け身のレジャー。これらは一時的には楽しいかもしれませんが、私たちの幸福度を上げるには、残念ながらあまり貢献しません。

　では、「アクティブ・レジャー」にはどういうものがあるのでしょう。

　**釣りをする、ハイキングをする、山登りをする、ゴルフをする**などがあります。**自分からアクティブに行動するレジャーは、その場で気分が発散されるだけではなく、明らかにその人の幸福度をアップさせます。**能動的な趣味をもっている人のほうが、「特に趣味はない」といって家に引きこもりがちな人よりも、「幸せだ」と感じる瞬間を多くもっているのです。

　面白いのは読書です。これは一見「パッシブ・レジャー」のように思えます。ただ文章を読むだけなのだから、映画を観るのと同じように、極めて受動的な趣味ではないかと思っ

てしまうのです。ところが、読書は「アクティブ・レジャー」に属します。

　というのも、テレビや映画は視覚情報、聴覚情報が圧倒的に多い媒体です。自分で能動的に考えなくても、目や耳から勝手に情報が流れ込んでくるのです。仕事から疲れ果てて帰ってきても、テレビのスイッチを入れるだけで、ボーッと見続けることができるのはそのためです。

　一方の読書はそうはいきません。1日の仕事から疲れ果てて帰ってきて、活字がいっぱいの本を読めるでしょうか。きっと目が字面を追うだけで、内容はほとんど入ってきませんよね。

　読書とは、脳の活動としては決してパッシブなものではなく、むしろ目から入ってきた文字情報をもとに、様々な想像力を駆使して情報を補わなくてはならない複雑な作業を要するものです。物語の背景や情景を頭に思い描いたり、行間に込められたニュアンスを読みとったり、脳の活動量としては決して少なくないのです。

　一気にアウトドアスポーツのような「アクティブ・レジャー」に挑戦することはできないという人は、まずは読書から入り、脳のバランスを取り戻してみてはいかがでしょうか。

## 「アクティブ・レジャー」をする

# 脳HACK／15

# 生活の中で
# 「句読点」を打つ

　どのような文章にも句読点があるように、日々の生活でも
句読点を打つことが大切です。

　勉強でも仕事でも、気分転換をすることが効率をあげます。
やろうと思えばいくらでもできるこの気分転換をしないばかり
に、非効率に陥っている人は本当に多いと思います。
「どうしても４時間後にこの仕事を仕上げなくてはいけな
い」というのであれば、２時間たって休憩を一度挟んだほう
が、休憩なしで根を詰めるより、仕事はよほど捗ります。

　気分転換は何も大げさなことでなくていいのです。トイレ
に行く、シャワーを浴びる、曲を聴く、近所をふらりと歩く、
なんでもいい。そうすれば頭の中で句読点を打てるのですか
ら、簡単なものです。

　気分転換という句読点を打つためには、自分との対話をす
る必要があります。「自分が今どのような状況か」というこ
とを客観視しないと、自分が気分転換を必要としていること
にも気づけないからです。

　会社勤めの人は、たしかにこの句読点を打ちにくいかもし
れません。始業時間も昼食時間も退社時間も決まっている。
会議の時間も自分の都合で変えるわけにはいきません。でも
本当は、これは仕事の効率の上でも、個々人のパフォーマン
スとしてもあまりよくない状況です。

**気分転換という名の句読点を打つのは、脳の前頭葉の働き**

です。行動の文脈を変えたり、他のことをやろうと決断したり、実際にこれを行動に移すというのは前頭葉の働きなのです。その働きを日常的に取り入れていくためには、それなりのトレーニングが必要です。

　ある時期から僕が気分的に安定しているのも、句読点を打つのがうまくなったからだと思っています。思春期の頃の僕は、何かひとつのことにこだわってしまうと、ずっとそれにこだわり続けて果てしなく落ち込んでしまいました。

　思春期は誰もが情緒不安定だというのは、この句読点をまだうまく打てないからです。

「彼女がこっちを振り向いてくれなかった俺はダメだ」

「この人が好きだと言ってくれなかったら、死んじゃう」

　実際にはそんなことで死ぬなんてことはまずないのに、そう思い込んでこだわってしまう。これはまだ経験を積んでいないからです。人生でそれほど多くの経験を積んでいないから、ポケットの中に道具があまり詰まっていない。

「落ち込んだら○○をすれば気分転換できる」「今は死にたいと思うほど心が沈んでいても、いずれ時が解決してくれる」「この子がダメでも、好きになる人はまた現れる」

　そういうことを、経験という名の道具としてポケットにもっていれば、気分の句読点は打てるのです。

 **気分転換は簡単な行動でできる**

## 脳HACK／16

# 不安で何もしないよりは、何かして失敗するほうがいい

　将来に対する不安に縛られて、現在を楽しめていない人がいます。今は仕事もあり、生きていくお金もある、家族も健康で友だちもいる。だけど将来が不安定でどうなるかわからないために、不安でいっぱいだという人です。

　不安の正体は人それぞれですが、人間が不安を感じる場所というのはわかっています。脳の中央部分の扁桃体というところです。ここは情動に関する働きを司っており、何か危険やリスクがある時に、それをあらかじめ察知して避けようとする脳の働きがあるのです。ある種の予言的な能力ともいえるでしょう。

　生物の進化の過程において、外敵が襲ってきそうな時に活発に活動すると敵に見つかってしまい、危険にさらされるので、不安を感じる時はあまり活動しないほうがいいという知恵を、私たち生物は身につけてきたのです。

　その極端な例がフリーズであり、恐怖のあまり動けなくなることです。ラットなどではこの種のフリージング・リスポンスはよく研究されています。

　不安で動けなくなるということ自体は、このように動物に本来備わっている基本的な反応としてあるわけです。ただここで問題なのは、たしかにラットなどの動物は知恵を出したところで高が知れているので、何か行動するよりはジッと物陰で動かずにいたほうが得ですが、人間の場合には知恵もあ

るし、助けてくれる他人もいる。社会もあるので、何か不安要素を感じたとしても打てる手はいろいろある、ということです。

不安で動けないというのは、ラットと同じくらいの反応しかできていないということであり、それはもったいないことなのです。

**不安自体は進化的にもともとある感情なので、抱いても問題のない感情です**。それは危険が自分に訪れるかもしれないという予言的感情なのですから。ただ、それに支配されてしまうと、結果的には得策ではありません。ましてやラットは10年後のことまでは不安としても感知できませんが、人間はそれができます。10年あれば打てる手はいくらでもあるのに、あるいはその不安が現実化するかどうかも定かではないのに、今から不安で動けなくなるというのはもったいないことです。

本当は、不安で何もしないよりは、何かしたほうが確実にいいのです。仮に失敗したとしても、それは意味のあることです。人間にとって、**何かをして失敗するということは、ひとつの学習機会です**。試行錯誤、つまりトライ＆エラーによって、私たちは様々な事態に対する対処法を学んでいきます。つまり、将来が不安だからという理由で何もしないということは、この対処法を一切学べないということにもなります。

　たとえば、初めてスキーをしようとゲレンデに立つ人は、思った以上に不安を抱くはずです。かなりの急斜面に不安をもつでしょうし、滑って転んだら結構痛いのではないかとドキドキするはずです。けれどもそこで立ち止まったままでは、一向に滑れるようにならないばかりか、下界に降りていくことすらできずに凍えてしまいます。そこで一歩を踏み出して、何度転ぼうとも滑る術を学んでいかなくては、斜面を滑り降りるコツは永遠につかめないのです。

「不安は自分が生み出した妄想だ」という人もいます。たしかに妄想は、自分の感情がかたちになったものです。脳の働きとしては、必ず感情が先にあり、それが妄想というかたちになるため、たとえばススキが揺れるのを見て「幽霊だ！」と思ってしまうのは、不安という感情が先にあり、それが幽霊というかたちとなって表れるのです。

　大きな妄想に限らず、小さなレベルでの妄想は、誰もがもってしまいがちです。最近物事がうまくいかないと思い込んでしまう人は、「これから先もずっと、自分の運命はうまく回っていかないのではないか」「人生が自分に対してだけは、敵対的であるような気がする」と感じてしまうのです。

もともと意味のないところにも意味を見つけてしまうのが人間の癖です。それが小説家ならば創造的な作品につながるのですが、普通に生きる上では、強すぎる不安におびえないほうが楽に生きられるのです。

ただ、不安という感情は悪いことばかり引き起こすわけではありません。不安があるからこそ、その不安を打ち消すための努力をすることもできます。それは実はとてもいいケースで、それこそが成功者になるためのひとつのパターンでもあるのです。

たとえば漫画家の手塚治虫さんは、あれほどの才能や実力、実績があってもなお、晩年の彼は若手の漫画家たちの新しいスタイルに刺激され、不安を抱いていました。自分がいつか追い抜かれるのではないかと恐れていたのです。

同時に彼は、その不安に立ち向かうことでしか不安を乗り越えることはできない、と知っている人でした。だからこそ、どんどん新しい漫画を生み出すことができたのでしょう。

実は、全然不安がないというのもまた不健康な状態です。不安や恐怖があるからこそ、人は努力するのですから。ただ、それに支配されてはいけません。不安はあくまでスパイス程度にとどめておくのが賢明です。

 POINT 　**不安があるから努力できる**

# 脳HACK／17

# 口癖を
# コントロールする

　僕の知り合いに、「面倒くさい」が口癖の人がいました。外でも家でもついうっかり「面倒くさい」と言ってしまう。家族からもそのことを指摘され、ついに自宅で「面倒くさい」は禁句となったそうです。そうしたところ、いかにそれまで「面倒くさい」という言葉を繰り返していたか、実際にはそれほどでもないのにすぐに「面倒くさいな」と感じていたかに気づいたそうです。意識してその言葉を封印してからしばらく経ってのこと、「そういえば、最近、面倒くさいと思わなくなったな」とふと気がついたそうです。いつも何か新しいことを始める時には億劫に感じ、ダラダラとそれを先延ばしにしていたのに、そんな癖もなくなり、いろいろなことに前向きに取り組めるようになったそうです。

　この話を聞いて、僕は面白いと思いました。これはまったく正しい方法だからです。

　行動主義の観点からすれば、人は何かを思って行動するのではなく、何か行動するからそのように感じるのです。わかりやすい例としては、悲しいから泣くのではなく、泣くから悲しいのだということです。泣くという行為をしている自分を観察することで、悲しいという感情が生まれる。それが行動主義の考え方です。

　その人はこれまでも、面倒くさいから「面倒くさい」と言っていたのではなく、先に「面倒くさいな」と言ってしまう

から、余計に面倒くさく感じてしまい、行動するのに二の足を踏んでいたということになります。

英語圏の場合、誰か知り合いに会った時には "How are you doing?" と挨拶しますね。そうすると、よほどのことがない限り、"I'm fine." と答えます。これはもう人と人が出会った時に必ず繰り返される定型句のようなものであり、実際にはちょっと不調だとか、寝不足気味だというようなことがあっても、「元気だよ」と答えていることになります。フランス語でもドイツ語でも、それと似たような挨拶の会話があります。

この定型句のいいところは、言っている本人はあまり意識していないでしょうが、**「調子、いいよ」と答えている会話を聞いている自身の脳は、「ああ、私は調子がいい状態にあるんだ」と認識している**ということです。**軽い自己暗示にかかっているようなもの**です。

一般的に「調子どう？」「お元気ですか？」と尋ねられた時に、「悪い」とは言わないほうがいいのはそのためです。もちろん風邪をひいて調子が悪いという時にまで、無理して「元気だ」と言う必要はありませんが、ほどほどの体調ならば、「寝不足で」「仕事が立て込んでいて」「最近、調子が悪いんです」などとは言わないほうがいいのです。

 挨拶で心をコントロールする

# 脳HACK／18

# ウォーキングで
# 頭の整理

　ここではウォーキングによる頭の整理をおすすめしたいと思います。

　僕自身、ある時期から歩くことを始めました。僕の場合はウォーキングなどというカッコいいものではありませんが、仕事から仕事への移動に電車やタクシーを極力使わず、自分の足で歩くようにしたのです。それ以来、大げさではなく人生が変わった気がしています。まず、交通費が浮く、そして酒がうまくなる。それは冗談として、なにより頭の整理に最適なのです。もちろん身体の運動になるので健康面で体調が良くなったというのもありますが、予想以上に脳の働きに良い影響を与えるのです。

　私たちは思った以上にボーッとするのが苦手です。特に現代は効率化の時代ですから、空いた時間があれば、どうしてもそこに予定を詰め込んでしまう。電車での通勤や通学でも、新聞を読んだりスマホを見たり、ゲームをしたり仮眠をとったりと、常に何かをしています。ちなみに寝ている時間はこの「ボーッとしている」には含まれません。目を覚ましているが、特定の作業や思考はしていない。これが案外と難しいのです。

　**脳の奥のほうにはディフォルト・モード・ネットワークという、いわばメンテナンスセンター回路があるのですが、これがまさに無目的でボーッとして何も考えていない時にだけ**

**活動し始めます**。次の行動を考えたり、仕事をしたり、人と話したり、そういう具体的な行動をしている時にはこのディフォルト・モード・ネットワークは活動しません。

では具体的にどんな時に活動するのかというと、たとえば瞑想をしている時や、無目的に散歩している時などに活動し始めます。この時、何かを考えているわけではないので、脳はアイドリング状態になっています。つまりディフォルト・モード・ネットワークが活動しやすい状態なのです。

歩くことのメリットは、一種の感覚遮断がなされるということです。

この感覚遮断、実はもうひとつ似たような状況で生み出すことができます。

私の場合は、シャワーを浴びながら髪を洗っている時などが最高の感覚遮断の時間です。水が流れるサーッという音で周囲のノイズが消され、まさに外界からの情報が遮断される。そこで考えるともなしに行われる脳のメンテナンス回路により、それまで未解決だったいろいろな事象が、突如として整理されていくことも多いのです。

 **感覚遮断でメンテナンスをする**

# 脳HACK／19

# 顔という名の
# インターフェースに気を配る

「ああ、この人の前に座ると面倒くさそうだな」

飲み会の席などでそのように思われるのは悲しいことです。人間は顔ではないと言いながら、やはり表情にはその人のかなりの部分が現れるもの。意識できるところは意識して、明るい雰囲気をまとったほうが断然得です。

顔の表情、声のトーン、口角の上がり方——あまり意識していなくても、人は相手の表情から様々な情報を受け取っています。**紡錘状回という、脳の視覚系の領域が、人の表情の一番細かい部分までを見極めているからです**。実は、表情に浮かぶか浮かばないかの微妙な感情のニュアンスまで、相手の脳にはよく伝わっているのです。

本来、脳の中は相手には見えません。その人の脳の中でどのような感情が巻き起こっているか、私たちは実際に見ることはできないのです。ところが、脳の中までは見えなくても、それが表れている箇所がひとつあります。

それが顔であり、表情です。その意味で、まさに顔は心の窓であり、その人のインターフェースなのです。

自分が不安を感じていたり、不快感を抱いていたりすると、その感情は必ず相手や周囲の人にも伝わります。だからいつもネガティブなことを考えている人のそばにはあまり人が寄りつかず、いつも明るいことを考え、楽しそうにしている人の周りには自然と人が集まるのです。

以前NHKの取材でお会いした「奇跡のりんご」の木村秋則さんなどは、とにかくいつもアハハハと笑っていて明るいですから、その周りには自然と人が集まってくる。感情は伝染しますから、やはり明るいエネルギーをもらえそうな人の周りに集まってしまうのでしょう。

　これは文章についても言えます。その場で実際に会えば、表情からかなりの情報が読み解けますが、仮にその表情が見えない文字媒体であっても、やはり行間からそれなりの人柄はわかるもの。最近はツイッターやブログなどで多くの人が自分の言葉で自分を表現するようになりましたが、そこには人柄が本人が思う以上ににじみ出るものです。何百、何千とツイートしているのに、フォロワー数が異常に少ないという人のつぶやきを見ていると、やはりネガティブな言葉ばかりをつぶやいていたりする。

　言葉や顔はどうあろうとも、人は自分の良いところを見抜いてくれるはずだという思い込みは捨てましょう。顔は自分のインターフェースです。化粧をしろ、身なりを研究しろ、というのではありませんが、なるべく人に良い気持ちをおすそ分けするつもりで、接するようにしてみてはいかがでしょうか。

 **明るいエネルギーを伝染させる**

# 脳HACK／20

# 「セレンディピティ」を呼び込む 3つの条件

　セレンディピティという言葉は、18世紀のイギリスの作家、ホラス・ウォルポールがつくった造語です。ウォルポールが子どもの頃に読んだ童話『セレンディップの3人の王子』にちなんで名付けられました。

　この話の中で、3人の王子たちは旅の途中で様々な「本来、自分が求めていなかったもの」に出会います。しかし最終的には、その偶然の出会いが王子たちに幸運をもたらすという話です。

　最初は、この話を読んだウォルポールが「偶然の幸運に出会う能力をセレンディピティと名づけよう」と提案したものだったのですが、それが広まり、今日まで使われるようになりました。

　セレンディピティの「出会い」とは、人との出会いだけではありません。自分の人生を変える出来事や、仕事の上のチャンスに巡り合うことも「偶然の幸運」です。

　もしこのセレンディピティを身につけることができたら、人生の大きな助けになるでしょう。ただし、幸運に出会えるかどうかは、その人の能力によって左右されることではありません。まさに偶然で決まること。こればかりは人為ではどうしようもないのです。

　しかし、**偶然を幸運に結びつけられるかどうかは、実は脳の使い方次第**といえます。

そのポイントは3つあります。

それは**「行動する」「気づく」「受け入れる」**ことです。

まず「行動する」。自分だけでアイディアをあたためて、世に送り出そうといくら焦ってもダメです。「果報(かほう)は寝て待て」ではなく、とにかく何か具体的な行動を起こすことが肝心。

第2に、行動することによって偶然の出会いがあった時に、まずその出会い自体に「気づく」ことが重要です。気づくためには、自分の身の回りで起こっていることや、自分が心の中で感じていることに対し、よく観察していなければなりません。普段から何も考えずにボーッとしていたり、人生を変える「幸運」を待っているだけでは、絶対にセレンディピティを養うことはできません。

そして、第3のポイントは、意外なことに出会った時に「これは自分の思っていたことと違う」と拒否せずに素直に「受け入れる」こと。

偶然の出会いは、「人と人との出会い」というものもあるでしょう。まずは自ら行動を起こし、様々な出来事に遭遇し、いろいろな人に出会うことが大切です。偶然はコントロールできません。しかし、偶然を幸運に結びつけるための行動や意識は自分でコントロールすることができるのです。

 **》》行動する、気づく、受け入れる**

# 脳HACK／21

# 脳は相手のよいところを吸収する

　人との出会いは、自分自身の「学び」を深めること、「意欲」を高めることにつながっています。

「この人はすごい！」と思える人に出会った時に、どうしたらああいうふうになれるのだろうかと人はあこがれの気持ちを強くもち、具体的な学びの目標を設定することができます。

　しかし、尊敬すべき人が身近にいればよいのですが、社会に出て会社勤めをしている人の中からは、「嫌な上司や、夢もなく日常の享楽に浸っている同僚に囲まれ、尊敬する人がいない」という声も聞こえてきそうです。

　そんな時、どうすればよいのでしょうか。

　**脳には「ミラーニューロン」という神経細胞があります。**これは前頭葉や頭頂葉のいくつかの領域で見いだされる感覚と運動の情報を統合する神経細胞で、他人の動作を見ていると、脳の中ではあたかも自分がその動作をしているかのような働きをします。ですから、自然に他人の振る舞いが自分にうつってきてしまうのです。

　たとえば**立ち居振る舞いの美しい人と一緒にいると、自分の立ち居振る舞いまで美しくなるし、様々なしぐさや癖などもうつる可能性があります。**長年連れ添った夫婦や親子が似てくるのは、ミラーニューロンの働きがあるからです。

　ミラーニューロンの働きを考えれば、そばにいる人の悪い点ばかりを発見していると、その悪いところが自分に伝染し

てしまうことになります。

　人の悪いところばかりを気にしていると、ミラーニューロンが働いて、それが自分にうつってしまうのです。

　ですから、そばにいる人のいいところに、しっかり関心を向けてみてください。

　どんな人でも、その人の中にはいいところがきっとあるはずです。いいところがひとつもない人など、まずいません。きっと何かしらいいところがあります。

　いつも部門の数字ばかり気にしていて、部下の悩みに無頓着な上司がいるとしましょう。会社にとって利益をあげていくことは至上命題です。社員への安定した給料が出るのも、目標数値が達成されているからにほかなりません。そこで「あの人は数字にしか興味がない、つまらない人だ」と決めつけるのではなく、「目標数値の管理の仕方を学んでみよう」と発想を変えてみることが大切です。

　もし「今まで見えていなかった相手の姿」を発見できれば、自分の中のミラーニューロンがその「いいところ」を吸収するように働いてくれます。これはストレス回避にもつながりますし、積極的な姿勢が評価され、上司との人間関係もうまくいきます。

　ミラーニューロンを上手に働かせることは、人との関わりを円滑にするためにも重要な役割を果たすのです。

 **ミラーニューロンの働きを意識する**

# 脳HACK／22

# 楽しいことをイメージすると脳が活性化する

　ニューヨーク大学の心理学者で神経科学者のエリザベス・フェルプス博士が、ロンドン大学のタリ・シャロット博士らと行った共同研究では、人間が将来の不確実な出来事を想像する時、より明るい未来をイメージするという結果が発表されています。たとえば「髪を切りに行く」時は、美容師が失敗して変な髪型になったり、可もなく不可もない普通の髪型をイメージすることはまれであり、多くの人が「人生最高の髪型になる」と想像しながら行くのです。

　将来と過去のポジティブな出来事とネガティブな出来事をイメージする際の脳の血流変化を調べたところ、ポジティブなことを思い浮かべた時のほうが、扁桃体とｒＡＣＣ（前部帯状回吻側部）の血流量が多いという結果が出ました。血流量が多いということは、その部位が活発に動いていることを示しています。

　これによって、楽観的なイメージと扁桃体やｒＡＣＣの間には相関関係があると考えられるようになったわけです。

　つまり、人間が「楽観的になる」時の回路は、どうやら扁桃体とｒＡＣＣにあるようなのです。

　扁桃体やｒＡＣＣは、人間の感情を司っている領域と考えられています。「好き」「嫌い」や「恐怖」といった感情や価値判断の中枢です。この扁桃体が「好き」と判断すると、快楽を促すドーパミンが放出されます。

あえてここで仮説を立てるなら、「未来・過去にかかわらず、ポジティブなことを考えると扁桃体などが活動する。ならば、楽しいイメージトレーニングをすると扁桃体やｒＡＣＣが活性化していく」という可能性が高いといえそうです。

楽観的な観測をする人を「おまえは気楽でいいよな」とからかうことがありますが、楽観的であるということ自体には問題がありません。楽観的な時は、えてして「エイヤッ」と実際の行動を起こすことが多いからです。

未来に素晴らしい偶然の幸運が待っていたとしても、「行動」を起こさなければ、出会うこともつかみとることもできません。人間は「明るい未来」をイメージしなければ、なかなか行動を起こせないものなのです。

### ポジティブなイメージをすると扁桃体が活発化する

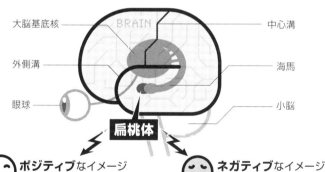

**ポジティブ**なイメージ
→扁桃体が活発化

脳はポジティブなイメージを「大きく」「身近」に感じる特性をもっている。これを「オプティミズム・バイアス」という。

**ネガティブ**なイメージ
→扁桃体が鎮静化

一方、ネガティブなイメージは「小さく」「現実から遠い」ものとして処理される。これが楽観主義の仕組みと考えられている。

# 脳HACK／23

# 「笑って仕事をする」ことの効果は大きい

　ポジティブなものがいい効果を生み出す例として「笑い」が挙げられます。突然ですが、みなさんは普段、笑って仕事をしていますか。実は、仕事中に笑うということは、職場が明るくなるといった効果のほかに、物事を客観的に見られるようになるというメリットがあります。

　通常、人は「何か」を見たり感じたりして笑うわけですが、ある特定のことというよりは、全体の流れ自体を客観的に見て笑っているのです。テレビで芸人が突拍子もないことを言った時に「それはないだろう」とつっこんで笑うのは、全体の流れを理解しているから「おかしさ」を感じるわけです。つまり、笑うためには物事を客観的に見る「メタ認知」の視点が欠かせないのです。

　職場において笑う、冷静かつ客観的な視点を保つには、ちょっと余裕をもって物事にあたっていなければできないことです。

　巨大石油化学プラント建設現場の所長を務める高橋直夫さんには、まさにそのことを教えていただきました。高橋さんは30年にわたってインドネシアやリビア、サウジアラビアなどでプラント建設に携わってこられた方です。現在は、サウジアラビアの石油化学プラントで、様々な国から来た7000人のスタッフを束ねています。

　文化も風習も異なる外国人が7000人も集まっているた

め、毎日のようにいろいろなトラブルが発生します。高橋さんはトラブル解決にあたって、どんな逆境の中でも「笑って仕事をする」と言います。

「どんな困難に見舞われても、リーダーは太陽のように明るい存在でなければならない」という信条です。そこから、常に笑顔でいるのだと言います。

実際、高橋さんは、修羅場においても覚悟を決めて笑顔で解決にあたっていました。それは決してお気楽な笑いではありません。そこから逃げ出したいと思う重圧の中で、「もう、どうにでもしろ」とばかりに笑うのです。高橋さんの笑いには、命をやりとりする戦場でさえも哄笑する武将のような、突き抜けたおおらかさがありました。

それは物事を投げ出すのではなく、「どんな状況でも俺はあきらめないぞ」という覚悟の表れでもあります。

おそらく高橋さんは「笑い」がもつ「特定の文脈にとらわれることなく、状況を広くまんべんなく見ることができる」という効果を、経験的に知ったのだと思います。事実、高橋さんは笑うことによって、想定外のトラブルを次々と解決しているのです。

**つい後ろ向きになりそうな時、「笑い」の力を思い出して笑顔で仕事に取り組んでみてください。**そこから新たに見えてくることが必ずあるはずです。

 「笑いの力」を利用する

# 脳HACK／24

# ネガティブな感情に
# 名前をつけて、
# 無意識を意識化する

「理想的な自分を目指す」「今の自分を変える」と何かの行動を起こそうとする時、多くの場合「うまくいかないかもしれない」「失敗したらどうしよう」という恐怖を覚えます。これは当然のことです。

実は、こうしたネガティブな感情も決して無意味なものではありません。「恐怖」や「後悔」、「不安」といった感情がなければ、将来のリスクを回避する術を考えようとしないからです。

また、恐怖が行動の源泉になることもあるでしょう。「あの上司はガミガミうるさいから、先回りして仕事をやっておこう」といったことです。もちろん、これも「行動を起こした」ことにはなりますが、ネガティブな感情が動機になっている場合、その原因がなくなると同時に行動しなくなってしまいます。

ネガティブな感情に打ち克つためには、どうすればいいのでしょうか。

人間の恐怖の源泉は多くの場合、「どうなるかわからない」という不確実性です。行動に移すためには、その不確かなことを確実なことに変換すればいいのです。恐怖から目をそらさず、見つめることをおすすめします。

**具体的には「最悪の事態をできるだけ詳細に想定する」ことです**。そこで対処法まで考えておけば、その時点で脳の中では確固としたものになります。

　ストレスに弱い人のほとんどは、不確かなものに遭遇した時に、ネガティブな結果ばかりを想像してしまいます。しかしそこで「じゃあ、具体的にどう解決すればいいのか」を考えてみる。最悪の事態をシミュレーションできていれば、その中間程度のものは「大したことがない」と思えてくるはずです。

　ここで大切なのは、**シミュレーションした内容を家族や友人に話してみたり、文字にして具体的に書いてみることです**。

　精神分析の分野でもよく使われるのですが、これを**「無意識を意識化する」**といいます。もっとも手っ取り早いのは、言葉を与えられていない感情や出来事に名前をつけることです。

　言葉になっていない情報や意識化できていない感情には、人間の脳を非常に不安定にするという特性があります。逆にいうと、こうした情報・感情に名前をつけてラベルを貼ると、脳はその情報・感情をひとかたまりのものとして扱えるようになります。それによって、脳が安定を取り戻すことは意外に多いのです。

 **名前のないものに名前のラベルを貼る**

# 脳HACK／25

# 脳のモードを切り替えると
# ストレスに強くなる

　同じプレッシャーを受けても、そのストレス状態を楽しみながら活力に変換できる人と、不安を覚えて逃げ出したり、落ち込んでしまう人もいます。

　なぜ、こんなことが起こるのでしょうか。

　実は、**ストレスに弱い人は「脳のモード」の切り替えがうまくできていないケースが多い**のです。

　よく「人間の脳は潜在能力の10%程度しか使っていない」といわれています。しかし、神経細胞の数でいえば、実は大部分を使っています。一方、脳の「モード」という意味では、僕も含めて多くの人が10%どころか、まだ数%しか使っていないのです。

　ここでいうモードとは「集中モード」とか「リラックスモード」「本気モード」のこと。

　ほかにも「一人で仕事をしている時のモード」と「人に会って楽しく会話をするモード」などはなじみ深いところでしょう。この2つはまったくの別物。まるで人格が変わったような変化です。しかし、シチュエーションに対応するために脳が用意しているモードなのです。

　また、僕がよく例に出すのが「日本語が完璧にしゃべれる外国人に話しかけられた時にしか出てこないモード」です。

　相手の外国人は、日本語で話しかけてきているわけですから、だいたいの日本語は理解できるはずです。しかし答える

時に、なぜかつい英語っぽい発音で日本語をしゃべってしまう。そんな経験はありませんか？

これは「自分は英語がしゃべれないけど、大丈夫かな」という不安があり、「相手に伝わるようにちゃんと話さなければ」という緊急事態に、脳が果敢に対応しようとしている状態です。

実は、人間の脳にはこうした「モード」がたくさん眠っています。なぜなら、これらのモードは、人類が進化する上で欠かせない能力のひとつだったからです。

人類は進化の過程でいろいろな環境や状況に直面し、それを乗り越えなければなりませんでした。そして、その多様な環境・状況に適応するために、脳はモードを手に入れたのです。モードとは変化やストレス、プレッシャーを処理するための生きる術なのです。

これは誰しもがもっている潜在能力です。しかし、現代はテクノロジーの発展などで大変便利で快適になってしまいました。つまり、たくさんのモードを使わなくても生きていけるようになったのです。そのため、表層に出てくる「モード」の種類が少なくなり、様々なプレッシャーやストレスに対応できなくなってしまうことがあるわけです。

それでも人間の脳は様々なシチュエーションに適応する能力を失ったわけではありません。いまだに「外国人に日本語で話しかけられた時にしか出てこないモード」すら、あるのです。

普段の生活でこのモードを駆使しないのは、実にもったいないことなのです。

**モードの切り替えは、前頭葉の眼窩前頭皮質という部位が中心になって行っていると考えられています。**しかし、僕たちは電気のスイッチを切り替えるようには、脳のモードを切り替えることができません。なぜなら、モードは「無意識」のうちに前頭葉が切り替えてしまうからです。そのため、モ

### モード切り替えは前頭葉が担っている

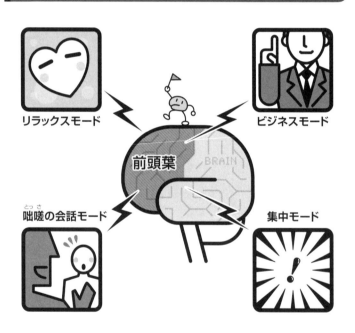

人間の脳の中には様々な「モード」が眠っている。モードをたくさんつくると、切り替えが早くなったり、いろいろな環境や局面に対応できるようになる。

ードをコントロールするには「無意識」を操らなければなりません。

では、どのように無意識を操ればいいのでしょうか。

それは、実際に身体を動かすことです。**無意識は、頭で考えてもどうしようもありません。実際に身体を動かすことでしかコントロールできない**のです。

帰宅時、会社での仕事を引きずり、なかなか家族とリラックスして接することができない。その結果、妻や子どもから小言を言われる。そのような時には、積極的に自分でモードを切り替えてみましょう。

たとえば、家の中でリラックスできる状態とはどういう時なのかを考えてみてください。ペットと接している時にリラックスできると感じていたなら、帰宅すると同時にペットとたわむれてみる。そうすることで、仕事モードからリラックスモードへと切り替えることができるでしょう。お風呂に入ることでリラックスできるなら、帰宅と同時にお風呂に入って脳のモードを切り替えるのもいいでしょう。

脳は、今自分の身体がどういう状況にあるかを敏感に察知しています。そのため、無意識にモードをコントロールするには、身体を動かすことで脳に信号を送ってやるのが一番簡単なのです。

 **身体を動かして無意識を操る**

# 脳HACK/26

# 「シャーデンフロイデ」を克服する

　「シャーデンフロイデ（Schadenfreude）」という言葉があります。これは他人の不幸や苦しみを、自分の喜びとするという意味のドイツ語です。わかりやすくいえば「他人の不幸は蜜の味」でしょうか。あまり褒められた心の動きではありませんが、実際に人間には、**相手が不幸になったら自分がうれしいという脳の働きがあることがわかっています。脳の中の線条体という部位が働くのです。**

　なぜ、そんな心の働きが存在するのでしょうか。それは、相手の社会的地位が下がることにより、相対的に自分の地位が上がる可能性が高まるからといわれています。しかし常に他人との相対的な関係性をはかり、自分の地位を確立しようという脳の働き、これはいわば無間地獄のようなものです。他人との比較をし続けている限り、いつまでたっても完璧な満足を得ることはできません。どんなに勉強がよくできる人でも、必ず上には上がいるものですし、素晴らしいお金持ちだって自分よりさらに資産を持っている人が大抵はいるからです。

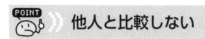
POINT ≫ 他人と比較しない

## CHAPTER-3

# 脳を効率的・集中的に
# 使う

# 脳HACK／27

# タイムプレッシャーで脳に負荷をかける

　人間には、**ある行動をとったあと脳の中で報酬を表すドーパミンという脳内物質が放出されると、その行動を繰り返したくなる**、という生理学的特徴があります。ただし、すでにできることを続けても脳は喜びません。今の自分の実力を100%とするならば、120%、130%と「自分のキャパシティ以上の負荷をかける」ことが重要になってきます。

　しかし、勉強が苦手な人は、負荷のかけ方を知らないというケースが多いように感じられます。脳は常に「苦しい刺激」を求めていますから、より苦しい刺激、さらに苦しい刺激というようにどんどんハードルを高くしていく。ハードルが高ければ高いほど、それを乗り越えられた時の喜びも大きくなるわけです。

　このメカニズムを知っていれば、自分から進んで強い負荷を求めるようになります。困難を乗り越えているうちに、気がついたら新しいスキルを身につけていた。この「成功体験」を積み重ねていると、強い負荷にも耐えようという意欲が生じるのです。

　僕が勉強に関して楽をしようという気持ちがなかったのは、そのせいだと思います。

　しかし、自分の脳に負荷をかけるのは簡単なことではありません。では、負荷をかけるにはどのようなことをすればいいのでしょうか。

そこでおすすめなのが「**タイムプレッシャー**」です。CHAPTER-1 では仕事の生産性をあげるためのタイムプレッシャーについて記しましたが、ここでは勉強で成果を出すためのタイムプレッシャーについて記します。**簡単にいえば、自分の作業に制限時間を設ける**のです。

僕が小学生の頃、先生が出す計算問題をクラス全員でいっせいに解き始め、早くできた子どもから先生のところへもっていく、という授業がありました。まるでゲームのように楽しくて、とにかく一番先に先生のところへもっていこうと、必死に問題を解きました。これこそが、僕が初めて体験した本格的な「タイムプレッシャー」でした。

誰よりも早く問題を解こうと頑張ると、脳に負荷がかかります。一番先に先生のところへもっていくことができれば、それが成功体験。脳のドーパミンの分泌が促され、次はさらに短い時間で解こうと努力する。

こういう体験がもとになって、僕はある時期から自分で勝手に「タイムプレッシャー」をかけて勉強するようになりました。

 **制限時間をもうける**

# 脳HACK／28

# 自発的な制限時間設定で
# 「集中力」を高める

　中学生になると、さらに制限時間を意識して勉強を進める
ようになりました。数学の問題を解くにしても、国語の文章
問題を考えるにしても、時間を計ってなるべく短い時間で終
わらせる。そして、次にやる時は「あと３分早く終わらせよう」
と、少しずつ制限時間を短くしていったのです。

　こうして身についたのは高い「集中力」です。

　勉強が苦手な人の特徴に、解けない問題をだらだらと考え
続けてしまうというものがあります。僕は、時間内に解けな
い問題があったら一度あきらめます。その代わり、取り組ん
でいるあいだはものすごく集中した状態で考えました。

　僕には、家庭教師や塾の講師として、様々な子どもたちの
勉強を見てきた経験があります。そこでわかったのは、いわ
ゆる勉強ができない子どもの多くは、この「タイムプレッシ
ャー」を理解していない、ということでした。勉強の仕方が
身についていないと言い換えることもできるでしょう。

　これはスポーツと同じで、口でいくら言っても身につくも
のではありません。自分で工夫しながら、感覚を身につけて
いくことが必要になります。

　そのためにも重要なのが、他人から強制された勉強ではな
いということ。もともと人間の「やる気」というのは、他人
から強制されて生まれるものではないのです。ですから「タ
イムプレッシャー」にしても、もともとのやる気がなければ、

まったく意味がありません。

学校ではよく○×で答え合わせをしますが、これも、子ども本人にやる気がなければ、まったく意味のない行為です。

×というのは、ある意味では自分の行為の否定ですから、誰しも嫌なものです。やる気があれば素直に受け入れ、次に○をもらえるよう努力できるのですが、やる気がないと、×をもらった時点で動きが止まります。「僕はどうせダメなんだ」というネガティブな思考になってしまうのです。だからこそ、他人からの強制は極力避けなければいけないのです。

「タイムプレッシャー」を意識して勉強することは、これ以上早くできないという限界を超えて、さらに早くやろうとする負荷の高い行為。これを何度も繰り返すことによって、人間の能力はどんどん上がっていきます。そのためには、**「タイムプレッシャー」を楽しむ**、という気持ちがとても大切です。

### 行動に制限時間をつける

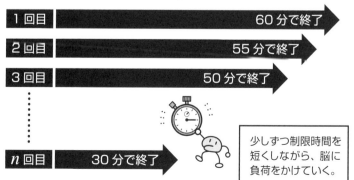

# 脳HACK／29

# 集中力を養う
# 「『鶴の恩返し』勉強法」

　僕が中学生の頃、定期試験の前になると必ずやっていた勉強法があります。名付けて「『鶴の恩返し』勉強法」。なぜ鶴なのか。それは昔話『鶴の恩返し』にヒントを得ているからです。

『鶴の恩返し』の物語を思い出してください。自分を助けてくれた人のために、鶴が全身全霊を打ち込んで素晴らしい反物を仕上げるシーン。「決して私が織っているところを見ないでください」という、あれです。その鶴のように勉強するのです。

　この時は、ありとあらゆる手を尽くします。目で読みながら、手で書きながら、声に出しながら、まさに全身を使って覚えていくのです。この時の集中力は、目の前の教科書以外は何も見えない、雑音も聞こえないというぐらいですから、その様子はちょっと他人には見せられません。『鶴の恩返し』のように、見られると困るのです。他人の目を気にする余裕などなく、とにかく目の前の勉強にのみ集中している状態です。

　僕は、集中力は次の３つの要素から生まれると考えています。

　①速さ ——— 作業のスピードを極限まで速くすること。

　②分量——— とにかく圧倒的な作業量をこなすこと。

　③没入感 —— 周囲の雑音が耳に入らないほど夢中になること。

この３つの要素を理解することで、誰もが集中力を高めることができるのです。

　まずは「速さ」から考えてみましょう。

　これは、制限時間を設けて、自分がこれ以上は速くできないという限界を超えようと努力してください。そして、アスリートのトレーニングのように限界点を少しずつあげていく。これを徹底的に繰り返すのです。

　たとえば問題集を解く場合、一つひとつの問題についてじっくり考えるよりも、「次、次、次の問題」と素早くページをめくっていきます。ただし、スピードをあげることが目的化しては本末転倒です。

　確実に、しかし少しずつスピードをあげていくのがよいでしょう。このやり方は残念ながら一朝一夕には身につきません。毎日少しずつスピードをあげていくことで習慣化させることが大切です。

　次に「分量」です。

　これは学習の作業量を多くする、という意味です。集中力を持続させるには、「ずっと何か作業をしている」状態をつくることが必要なのです。ボーッと考えているのではなく、とにかく忙しくやる。

　スピードをあげながら、制限時間の中でできる分量を増やしていくのです。とにかく問題量を増やすのでもよいでしょう。

　何かを書き続ける、実際に声に出してしゃべってみるのもおすすめです。大切なのは、一息つく暇もなく作業をこなしていくことです。

3つ目は「没入感」です。

集中力を発揮して勉強している時の自分がどんな状態にあるか、思い出してみてください。勉強にのめり込み、勉強と自分が一体になる感覚はありませんか。

東京藝術大学大学院映像研究科教授の佐藤雅彦さんが、人間がある状況において、生き生きと熱中している幸せな状態のことを「ステュディオス（studious）」と表現しています。

## 「『鶴の恩返し』勉強法」

### 速さ
作業のスピードをできるだけ速くする
「明日の朝までに反物を仕上げないと……」

### 分量
とにかく圧倒的な量をこなす
「売り物になるように、たくさん織らなければ……」

### 没入感
周囲の雑音など無視して、夢中になる
「恩返しのため、何としても完成させよう」

人の目を気にせず、なりふりかまわずやる

没入感とは、まさにこの「ステュディオス」な状態のことを指しています。

彼は、最近の教育現場を見ていてとても危惧していることがあると言います。子どもたちが、人からどう見られているかとか、どんなブランドものをもっているかという「人とモノとの関係」だけで自己を規定しているというのです。

そして、自分の内側から湧き起こる、「これが好きだ！」「これが楽しい！」という充実した状態である「ステュディオス」を経験しないまま大人になっていく。この現状を佐藤さんは憂えています。

**何でもいいから、夢中になってのめり込めるような楽しいこと——ステュディオス状態になれる対象をもっている人は、自分の人生を充実させる方法を知っている**人かもしれません。

佐藤さんは「人間の幸せは、生き生きとした興奮状態を人生の節々でもてること、日々新しい発見に興奮できることではないか」とおっしゃっていました。まさにその通りだと思います。

脳を活かす勉強には、この「ステュディオス」な状態が欠かせません。世の中のものを全部遮断して、制限時間を設けて、できるだけ多くの分量をこなす。これが「『鶴の恩返し』勉強法」の極意です。

### 速さ、分量、没入感から集中力は生まれる

# 脳HACK／30

# フロー状態に入る方法

　集中力を発揮して勉強している時の自分がどんな状態にあるか、思い出してみてください。勉強にのめり込み、自我と対象の区別がなくなるくらい没頭する瞬間です。

　勉強にせよ仕事にせよ、この「没我」の境地に達していないと、なかなか向上できません。我を忘れるほどに集中していない状態では、対象と自我のあいだに壁をつくっているということです。

　つまり、仕事や勉強に対する苦手意識や嫌悪感、前に進めない苛立ちなどから、机に向かっていてもため息をついたり、何となく他のことをしてみたりする。真剣に取り組んでいるように見えても、仕事や勉強をどこか他人事（ひとごと）のように捉えています。そして課題に向き合うことを避けて逃げ回っているうちに時間が過ぎ、さらに状況が悪化する。

　いわゆる勉強や仕事ができない人は、自ら没我を避けているケースが多いのです。

　しかし、**できる人は自分と仕事を一体化させています**。勉強や仕事が自分と一体化しているため、「問題があるな」と思ったら、すぐに解決に着手する。ただ目の前のことにのみ集中し、考えるまでもなく、どうすればよいかが頭の中に浮かび上がってきます。**時間が経つのも忘れ、雑音も耳に入らず、本人はただシンプルに仕事を楽しんでいる状態。これを「フロー状態」と呼びます。**

フローとは、心理学者のミハイ・チクセントミハイが著書『楽しみの社会学』で提唱した「フロー理論」に当てはまります。フローとは、その時にしていることに、完全に浸りきり、集中しているけれどリラックスしている状態を指します。

多くのスポーツ選手が、競技中にこの「フロー状態」を体験していることは有名です。野球選手が「ボールが止まって見えた」とか、サッカー選手が「パスを出すべき方向が線として見えた」と語るのは、まさにこのフロー状態にある瞬間の特徴です。

**ここでもっとも大切なのは、本人が、行動に伴う結果ではなく、その行動自体に価値を見出している**ということです。つまり給料や成績、勝敗に対する執着はまったくなく、純粋に仕事や勉強、競技に集中し、その集中している状態を楽しんでいるのです。

フロー状態への移行は、仕事ができる人やスポーツ選手に特有のものではありません。実は、誰しもが一度や二度、経験していることなのです。子どもの頃、遊びや作業に夢中になって、日が暮れたことに気づかなかったという経験はありませんか。これがまさにフロー状態です。

そして、脳はこのフロー状態をとても好む性質をもっています。あまりに心地よいため、それを何度も再現したくなるわけです。

勉強や仕事で集中力を発揮するには、この「自我と対象の距離をゼロにして没入する」ということが前提条件になります。

# 脳HACK／31

# 心理的障壁の解消に向け、「瞬間集中法」を習慣化

　自分と勉強を一体化させる時、最大の障害になるのは「心理的な障壁」です。

　僕が家庭教師や塾の講師時代に見ていた、いわゆる「勉強ができない子」の多くは、「自分にはできないのではないか」「努力してもムダではないか」といった思い込みをもっていました。

　たとえば、来月に試験があるからこのテキストを全部勉強しなくてはいけない、という考えの中には、やらされている感覚とか、試験がうまくいかなかったらどうしよう、といった不満や不安などの気持ちが含まれています。

　これらはすべて勉強を妨害する障壁です。こうした不満や不安を抱えたまま勉強に取り組んでも、なかなか効率はあがりません。というのも、脳にはちょっと困った性質があって、「今までサボっていたから、勉強しないと……」「やっぱり、明日からちゃんとやることにしよう」と考えれば考えるほど、勉強に対して嫌悪感や苦手意識が大きくなり、その障壁が厚いものになってしまいます。だからこそ、ネガティブな要素はなるべく考えないことが大事なのです。

　あるいは、まず机の前に座って周りの環境を整えてから……と勉強に入るまでの段取りが長くなってはいませんか？実は、勉強に入るまでの手続きをややこしくしている人が意外に多いのです。

これらも心理的な障壁のひとつです。この心理的障壁に立ち向かうのは難しいことではありません。思い立った時に、パッと勉強に入ってしまえばいいのです。そして、勉強を始めたら瞬間的に集中する。これが、忙しい現代社会に生きる僕たちにとっての効果的な勉強の仕方である「瞬間集中法」です。

**「瞬間集中法」を習慣化させるためにおすすめしたいのが、決まったルーティンの中に自分を入れていく**ことです。

たとえば新しい仕事に着手した時、イントロダクションでいつも決まった手順を踏むのです。まず**ネットでキーワードを検索してみる、図書館に行って関連書を探す。机の上にやりかけの参考書や仕事の資料を開いた状態で置いておくなど、常にインフラを整備しておく**のも手でしょう。

大切なのは、ルーティンやインフラなど、ありとあらゆる手を使って「瞬間的に集中する習慣」を身につけることです。脳の中に回路ができてしまえばしめたもの。あとは、身体が勝手に動いてくれます。

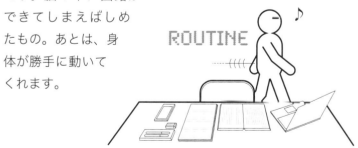

 決まったルーティンに自分を入れる

# 脳HACK／32

# 「モダリティ」を駆使して効率的に記憶する

　僕は昔から記憶力には自信がありました。高校時代、定期試験の前になると教科書を全文丸暗記するようにしていました。全文を覚えていく過程で使っていたのが、全文暗記用単語カードです。

　これは、少し大きめの単語カードを使って自作したものです。表側に、教科書のポイントとなる文章を書き写します。特に暗記したほうがよい単語や用語を空欄にしておき、裏側にその答えを書いておきます。僕はすべての教科について、下図のようなカードをつくりました。

　このカードはクラスメイトのあいだで評判になり、「茂木のカードはすごい」「そのカードを使わせてほしい」とよく頼られたものです。

### 全文暗記用単語カードの例

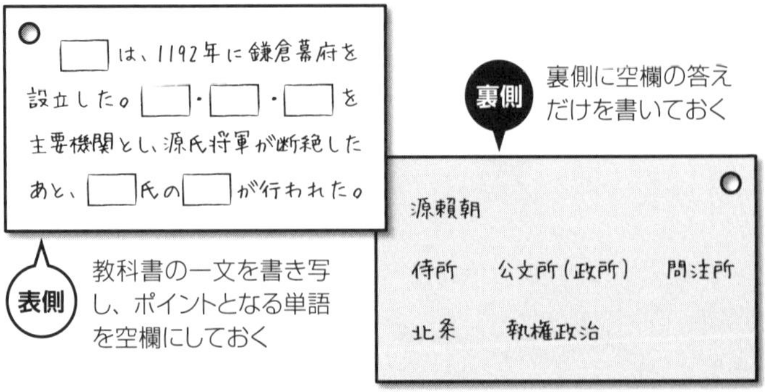

| | は、1192年に鎌倉幕府を設立した。 | ・ | ・ | を主要機関とし、源氏将軍が断絶したあと、 | 氏の | が行われた。

**表側** 教科書の一文を書き写し、ポイントとなる単語を空欄にしておく

**裏側** 裏側に空欄の答えだけを書いておく

源頼朝

侍所　公文所（政所）　問注所

北条　執権政治

この勉強法のメリットは、カードをつくる時に自分の手で書きながら覚えるため、記憶効率が高まるということです。

　では、自分の手で書くことが、なぜ記憶の効率化につながるのでしょうか。その前にまず、脳が情報を記憶する時のメカニズムについて考えてみましょう。

　**記憶は、脳の大脳皮質にある側頭葉の側頭連合野というところに蓄えられます。**そして、側頭連合野は、視覚・聴覚・味覚・嗅覚・触覚といった五感や、自分が行動する動機や心的態度などの様々な機能——いわゆる「モダリティ」を統合するところでもあります。

　この側頭連合野には、様々なモダリティから働きかけたほうが、記憶が定着しやすいという特徴があります。英語でいえば、黙読するだけではなくて、耳で聞く、目で見る、声に出して読む、そして手で書く。様々なモダリティを統合的に使って覚えることによって、より記憶を定着させることが可能になります。とにかく大量に読み、大量に書き、大量に聞いて、大量の問題を解く。これが、脳に記憶を定着させる唯一の方法なのです。だからといって、やみくもに量をこなすだけでも効果はあがりません。

　高校時代、クラスメイトの中には「時間をかけて世界史の内容をすべてノートに書き写したのに、まったく覚えられない」と嘆く人もいました。なぜ、彼はうまくいかなかったのでしょうか。

　それは脳の「記憶回路」の使い方が間違っているからです。

　ものごとを記憶する時、人間の脳は「記憶回路」を使います。この記憶回路を使って記憶しようとしていなければ、紙

に何度書こうが意味がないのです。

　脳が記憶を定着させる仕組みについて、簡単に説明しましょう。

　記憶には、すぐに消えてしまう「短期記憶」と、忘れようと思ってもいつまでも頭の中に残っている「長期記憶」の２種類があります。

　最終的に記憶が収納されるのは、大脳皮質の側頭葉です。その際には「長期記憶」という安定したかたちで保存されます。ここで、勉強したことを長期記憶として保存する際には、「海馬」が重要な役割を果たします。この海馬の働きがなければ、その情報が長期記憶として蓄えられることはないのです。

　また、感情に関わる脳の働きの中枢である「扁桃体」は、近くにある海馬の活動に影響を与えます。

　**様々なモダリティから働きかけると、扁桃体と同時に海馬をも活性化させ、記憶が定着しやすくなります。**そして、海馬に記憶されているもののうち、何度も反復して脳にアクセスされたものは「重要である」と判断され、側頭葉に送られて、長期記憶として定着するのです。これが記憶の仕組みです。

　では、「記憶回路」を使って記憶するとはどういうことでしょうか。

　英文を覚える時を例にとりましょう。まず英文を見ます。次に、それを書き写すわけですが、**英文を見ながら写しては意味がありません。一度英文を見たら、そこから目を離して、写すのです。**これを何度も何度も繰り返します。

　ここでポイントになるのは、原文から目を離すということ――つまり一時的に頭の中に記憶し、それを書き写す作業に

すべきなのです。原文を見ながら書き写すプロセスには「記憶する」という作業が抜けています。だから記憶が定着しないのです（前述の高校のクラスメイトの例も、これに該当します）。

これが「記憶回路」を使って記憶するということです。モダリティを駆使するとは、こういうことをいいます。ただし、モダリティを駆使して記憶する作業は、脳に大きな負荷がかかりますが、これを繰り返すことで記憶の定着は段違いによくなるはずです。

### モダリティが記憶の定着率を高める

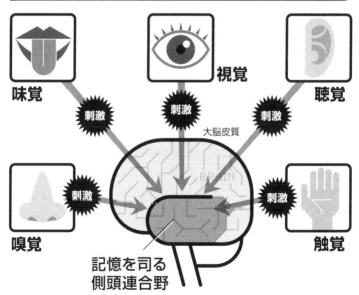

暗記する時は、視覚・聴覚・味覚・嗅覚・触覚の五感を総動員する。

# 脳HACK／33

# 自分の脳の状態を
# モニタリングする

　自分が今どんな状態にあるか、きちんと把握できていますか？

　インプットした様々な情報を自分のものにするためには、自分の状態を常にモニタリングしなくてはなりません。

　現代生活において、自分の内なる声に耳を傾けることはとても大切です。学習する際にかける負荷にしても、どれだけの負荷を自分にかけたらよいのか、自分自身にしかわからないことです。自分自身を見つめ、今の自分の状態をしっかりと把握することができていれば、どれくらいが適切な負荷なのかがわかります。

　元スピードスケート選手の清水宏保さんは、自分との対話を行うことで大きなパフォーマンスを発揮するひとりです。

　清水さんといえば、スピードスケートで世界新記録を樹立し、長野オリンピックで金メダルを獲得するなど、超一流の実績をあげてこられた方です。

　清水さんは子どもの頃、虚弱体質で小児喘息に苦しんだといいます。少し空気が変わっただけで発作が起こる危険性があるため、常に自分のコンディションに神経を張りつめていたそうです。

　自らの喘息を克服するため、固定自転車をこぎ、失神寸前まで自らを追い込むトレーニングを課したという壮絶なエピソードは有名です。あらためていうまでもなく、とてもきつ

いトレーニングです。しかし、練習でどれだけ自分を追い込むことができるか。それが本番でのベストパフォーマンスにつながるといいます。

清水さんは「肉体の限界よりも精神の限界のほうが先に来るものなので、そのリミッター（抑制）を外すことが重要」だとおっしゃっていました。幼い頃に喘息で苦しんだ体験から、自分の身体はこういう時はこうなると隅々までモニタリングし、調整を試みるクセがついたわけです。

そのためか、清水さんのトレーニング法は単純に力学的な負荷をかけるのではなく、自分の内面と常に対話しながら、その時の自分の能力に対して、大きな負荷のかかるトレーニングを毎日積んでいるそうです。

自分と対話をすることは、スポーツ選手に限らず、日々の生活においてもとても重要なことです。なぜなら、脳が喜ぶ学習に不可欠なドーパミンの放出は、脳に適切な負荷がかけられた時にしか起こらないからです。

**ドーパミンが放出されるのは、「やさしすぎず、難しすぎない」課題や問題に取り組んでいる瞬間です**。簡単な問題だけを解いている時は張り合いがなく、やがて退屈になってしまいます。一方、手に負えない難問に取り組んでも、どこから解決していけばよいのかわからず、嫌になってしまいます。

厄介なことに難易度の基準は一定ではなく、同じ人でもその時々の体調や状況によって常に変わります。脳に最適な負荷をかけるには、自分の身体や脳がどんな状態にあるかを的確に把握し、それに合わせて難易度を調節する必要があるのです。

最適な負荷の量は、残念ながら他人が教えることはできません。清水さんのように常に自分との対話を行いながら、調整法を体得するしかないのです。

## 難易度は自分で調節する

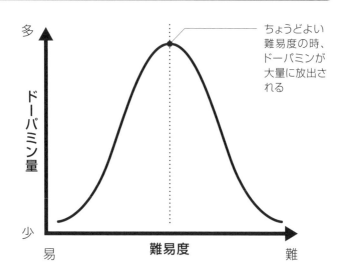

ちょうどよい難易度の時、ドーパミンが大量に放出される

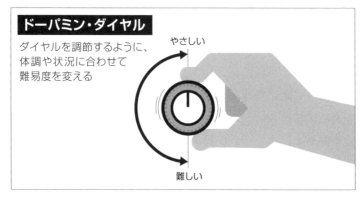

そもそも自分自身と真剣に対話しない人は、たいてい勉強もできません。

意外に多いのが、他人に言われた勉強法をそのまま真似しているだけのケースです。「これをやりなさい、あれをやりなさい」と言われたことをそのままやるだけで、それが本当に自分の脳に合うことかどうか考えないのです。

**勉強のできる人は、自分なりのやり方を必ず見つけています。**

自分なりのやり方を身につけるには、自分の脳の状態を理解しておく必要があります。

たとえば、今自分の脳はどれくらい調子がいいのか。アスリートが常に自分の身体のコンディションをチェックするように、勉強のできる人は、常に自分の脳の状態を把握しながら勉強しているのです。慣れてくると、調子のいい時は勉強を進めて、逆に調子の悪い時は休むなど、ペース配分を考えることができるようになります。

アムステルダムオリンピックの時に三段跳びで日本初の金メダリストになった織田幹雄さんが、かつて「筋肉を使って身体を動かすこと自体が喜びである」と語っていました。

勉強そのものが喜びにならないと、モチベーションを保つことができず、なかなか持続しません。自分の内面とよく対話して、どうしたら自分の脳が喜ぶのかということを、経験的に見つけていくことが必要です。

 **やさしすぎず、難しすぎない課題に取り組む**

# 脳HACK／34

# モニタリングによって
# 苦手なことを克服

　勉強ができる人は自分自身を正確にモニタリングし、自分が今「この問題の何がわからないのか」「何が原因でわからないのか」を考えることができます。この判断ができない人は伸び悩みます。「自分がわからないこと」の正体をつかめないと、どうしたらわかるようになるのか、考えることができないからです。

　各教科の勉強法のポイントも、本当は自分で見つけていくことが理想です。

　特に数学のような科目は、脳の中にある思考の回路が大切になってきます。思考の回路はとても抽象的なものなので、「これとこれをマスターすれば数学はできるようになる」というふうにマニュアルをつくることができません。

　僕は高校生の時に、少しだけ苦手だった教科があります。それは現代国語でした。ある時「なぜ自分は現代国語が苦手なのか」をモニタリングしてみました。

　そこで得た結論は、「現代国語そのものを誤解していた」というもの。僕は、現代国語の問題を解く時に、自分なりの解釈やオリジナルなアイディアなどを答えに反映させていたのです。それがすべての誤りのもとでした。

　現代国語の問題が求めているのは「オリジナルで奇抜な発想ではなく、文章に即してあっさりと無機的に答えを返すことだ」と、気がつきました。そのことがわかってからは現代

国語も苦にならず、むしろ得意科目のひとつになったのです。

つまり、**自分は何につまずいているのか、自分の脳の中でモニタリングすることが、苦手なものの克服につながる**のです。それをしないままでいると、苦手の理由がわからないまま、ずっと苦手な状態が続いてしまいます。

僕が、現代国語の問題を解けるようになったのは、「なぜ自分が思った答えと違うのだろう。どうして自分の思っていることとのズレが生じるのだろう」と、自分の思考を自分なりに見つめた結果です。自分との対話を通して自らの行動を修正する、という点では、アスリートと同じといえるかもしれません。

ただし、苦手なものに対峙する時、「早く克服しよう」と焦ってはいけません。歩みはどんなに遅くてもいいのです。自分のペースで進歩していくことが重要です。

そして、着実に進歩するためには、「自分がどこで間違えているのか」「どんなところが弱点なのか」を正確に把握することが大切です。

 **POINT 何につまずいているのかを理解する**

# 脳HACK／35

# 弱点を得意分野に変える「強化学習」

　僕は今までに、一流と呼ばれる多くの方々にお会いしてきましたが、そこではっきりとわかったことがあります。それは、それぞれの分野でプロとして卓越している能力が、「実はもともと自分の一番苦手な能力だった」という人がとても多いということです。

　普通、自分の欠点を補おうとする時、「人より劣っている能力はどうしようもない」と考え、ほかの能力で補おうとしがちです。Aの能力はダメだとあきらめて、ほかのBやCの能力を伸ばして、それで何とか頑張っていこうという考え方です。

　しかし、一流の方々は違うのです。

　典型的なのは、今は誰もが認める流暢な語りのプロの方々が、もともとは吃音であったというケース。吃音をなんとか克服したいと努力した結果、たとえば落語家として、あるいは講談師として、また名司会者として大活躍されているのです。

　弱点を抱えた人が、その弱点を克服する過程で余人をもって代えがたい領域に達する。この現象には、「強化学習（ある行動をとったあと、脳の中で報酬を表す物質であるドーパミンが放出されると強化されるというメカニズムを利用した勉強法）」が大きく関係しています。

　**弱点を努力で克服しようとする時、人はきわめて高いモチ**

ベーションを保持しています。そして、だんだんできるようになるにつれて大きなうれしさを感じるようになり、**さらにドーパミンも多く出て、脳の「強化学習」がより進んでいく**のです。

すると、どうなるか。人よりも劣っていたもの、つまりマイナスだったものがゼロに到達するどころか、ゼロをさらに越えてオーバーシュートしてしまうのです。

人よりも劣っていることを何とか克服したいという切実な願望がきっかけとなり、ドーパミンによる「強化学習」が加速された結果、余人にはとても真似できない卓越した領域に到達するということです。

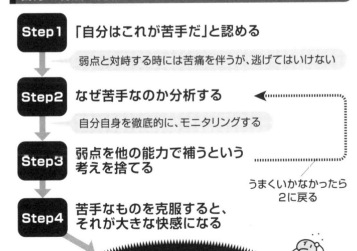

# 脳HACK／36

# すきま時間は、ペンなどを もって身体を動かす

　ＩＴ技術が発達した今、「ある特定の行動に集中すること」 は難しくなっています。特にメールやスマホの登場は大きい でしょう。メールへの返事を書いている時に、別のお客さん から問い合わせのメールが来る。お客さんと打ち合わせをし ている最中にスマホが鳴り、話が中断する。こういった「分 断」は、日常的に起こっているのではないでしょうか。

　もはや、昔のように「よし、今から集中して作業するぞ」 などと悠長なことを言っている場合ではなくなったのです。 とはいえ、メールの着信やスマホが鳴るたびに「ああ、集中 力が途切れてしまった」と落ち込んでいては、仕事は一向に 進みません。

　こうした状況に対応するには、どうすればいいのでしょう か。

　**まとまった時間を確保するのはあきらめて、すきま時間に はペンなどの道具をもち、書類チェックなど、具体的に身体 を動かす活動を行う**のが効果的です。

　身体を動かさずに「書類の内容をどう書こうか」といった 思考を巡らしていると、感覚系が周囲の情報を入手しようと 働き始めてしまい、集中力が散漫になってしまうのです。

　深く思索したい時には、いつもの通勤路を歩きながら考え るのが効果的です。通い慣れた道なので、感覚系の情報が入 ってくることが少なくなるからです。哲学者の西田幾多郎は、

考え事をする時はいつも琵琶湖疏水に沿って歩いていたそうです。この道は、別名「哲学の道」としても有名です。

**人間の集中力を司る回路は、ワーキングメモリと同じ前頭葉にあります。この回路も、他の神経回路と同じように、使えば使うほど鍛えられていく**という特性をもっています。ですから「とにかく集中してやってしまう」ことを何度も何度も繰り返せば、集中力を鍛えることができるのです。

仕事をやると決めたら１秒後には仕事に集中する、ということを繰り返し、繰り返しやってみてください。これを続ければ、脳の集中回路は確実に鍛えられていきます。

 **身体を動かして感覚系の情報を遮断する**

# 脳HACK／37

# 簡単な動作で無意識・集中力を
# コントロールする

　ある程度のまとまった時間が確保されている時に「どうしても集中力が続かない」「思考が行き詰まって進まない」こともあります。

　そんな時は、手や口以外の部位、**たとえば足を動かして、頭を切り替えましょう。椅子から立ち上がる。コーヒーを入れにいく。トイレに行く、でもかまいません。簡単な動作をしながら考える**のです。

　僕の場合、執筆が行き詰まったらパッと立ち上がって歩きます。それでもダメならチョコレートを食べる。シャワーを浴びる。着替える。こうした簡単な動作をするようにしています。その間も考え続けていると、たとえば洋服に袖を通した瞬間に「そうか、こうすればいいんだ！」というひらめきが生まれることが多いのです。

　では、なぜ簡単な動作がよいのでしょうか。

　集中することは、無意識の行動のひとつです。人は自分の無意識を操ることはできません。しかし**「無意識」は「運動系の回路」と非常に密接に関わりがあるため、身体を動かすことで間接的に無意識をコントロールし、集中力を高めるきっかけをつくることができる**のです。

　脳の身体を動かす回路と無意識を司っている回路は、実は太い結合でつながれています。日常生活でもっとも多い運動は「ドアを開ける」「椅子に座る」「目の前のコーヒーカップ

を手にとり、口に運んで、飲む」など、無意識のうちに行う動作が圧倒的に多いからです。ですから無意識をコントロールするには、身体を動かすことが一番いいのです。

　これは「リラックスする」時も同様です。緊張をほぐすために、身体を横たえたり、大きく伸びをしたりします。リラックスという無意識の状態を呼び起こすために、姿勢を変えるのが有効だからです。

　こうした動作は、複雑なものではいけません。複雑な行動をとろうとすると、脳のセットアップを切り替えなければならないからです。仕事をする時、集中力を研ぎすます時などは、思考を続けられる程度の簡単な動作がよいでしょう。

　ただし、ここで注意しなければならないことがひとつあります。それは「思考を止めない」ということです。思考を止めて「動作」をすると、やはり前頭葉のセットアップが崩れてしまうからです。

　ある程度の時間があるにもかかわらず集中力が途切れそうになった時には、無意識にできる動作で集中力を喚起するのです。

**複雑な動作をすると
脳のセットアップが崩れる**

# 脳HACK／38

# SNSは
# 情報収集の場として使う

　最近はすっかりスマートフォンが定着していて、電車に乗っていると、ほとんどの人がスマホの画面に目が釘付けになっている光景をよく見かけます。

　偶然目に入った時などに、みんなそんなに熱心に何を見ているのかな？　と思って観察してみると、ゲームをやっている人、ネットショッピングをしている人、SNSをやっている人など様々でした。ですが、僕が見る限りではゲームなどをして単なる時間潰しに使っている人が大半のようでした。

　よく「ものは使いよう」といいますが、まさにスマホは使い方次第で生産性をあげることもできるし、時間潰しにもなってしまう道具です。

　僕はスマホでゲームをすることは、まったくありません。常に生産性をあげるためのツールだと思って活用しています。

　たとえばSNSは「人とつながることに意味がある」ととらえてしまうと、やはり単なる時間潰しになってしまうと思います。友だちがSNS上に流したことに対して「いいね！」をしたり、自分の日常をアップしたりしていても、残念ながら有益な情報はほとんど得られないし、生産性にもつながらないでしょう。本当に人とつながりたいのなら、直接会えばいい。実際に会って話したほうが、当然ですがつながりは強まります。

僕の場合、SNSは主に情報収集の場としてとらえています。感覚的にいうと、まだインターネットが普及していなかった頃の大学生たちが大学構内で会うと、「最近、こういう研究論文が出たんだって」といった情報を交換するようなものでしょうか。それが今ではツイッター上ですきま時間を使えば簡単にできてしまうのです。

　たとえば最新の人工知能について知りたかったら、ツイッター上で人工知能の情報を流している人をフォローしておけばいい。アメリカの実業家でありエンジニアでもあるイーロン・マスクやスタンフォード大学教授のアンドリュー・ウン、独学の天才エリザー・ユドコフスキーなどです。彼らをフォローしておけば、人工知能の最新動向がわかります。

　ツイッターでは情報収集が主だとはいいましたが、もちろん情報発信も有益です。僕は、イギリスのグーグルのニュースサイトをホーム画面上に置いてあります。そして、自分が興味を惹かれたニュースを、自分の日本語のツイッター上にリツイートします。すると、僕のツイッターのフォロワーに国際ニュースが流れる。さらに、そのツイートを見た人たちが、そのニュースをさらにリツイートすると、有益な情報が拡散していくわけです。

　このように、今は移動中の電車でのすきま時間を利用して、情報を収集し、発信までできてしまう時代なのです。

 **すきま時間でできることは無限にある**

# 脳HACK／39

# 見るべきサイトを絞る一方で
# ネット断ちの日も設ける

　漠然とインターネットを見て、ネットサーフィンをしている時などは、「今、ここ」で起こっていることに集中できず、心がさまよっている状態に陥りがちです。

　たとえばネットサーフィンをしていると、面白いタイトルに惹かれて芸能ニュースなどジャンクフードのような情報につい見入ってしまいます。そういう情報ばかりを頭に入れていくと、ざらついた時間を過ごすことになり、しだいにイライラしてきます。それは、「今、ここ」を離れ集中力がなくなり、心がさまよっているから気持ちがざらつくのです。

　そうではなく、自分が興味をもっていることや目的をもって調べていることならば、心がさまようことも、イラつくこともなく「今、ここ」に集中でき、ゆったりとした気持ちで過ごすことができます。

　僕の場合、**心がさまよわないように、見たいサイトはリスト化しています**。そうすることで、世界を自分にとって居心地のいい場所につくり変えています。

　「こんまり」こと近藤麻理恵さんの著書『人生がときめく片づけの魔法』（サンマーク出版）ではないですが、「自分の心がときめく」サイトだけを選んで見るようにしています。

　**具体的に僕がよく見るサイトを挙げてみると、ニュースサイトなら「ニューヨーク・タイムズ」「エコノミスト」「BBCニュース」「ハフィントンポスト」**です。そのほか、

BuzzFeed(政治、DIY、動物、ビジネスなどの幅広い話題を網羅するサイト)。ツイッターでフォローしているのは、ハリー・ポッターシリーズの著者のJ・K・ローリングさんなど、何人かお気に入りの人を見つけて読んでいます。

また、見るべきサイトをリスト化することも大事ですが、たまにはインターネット断ちをする日を設けることで心を落ち着かせるのもいいでしょう。

ただ、そうはいっても日常生活においては情報を遮断することは難しいといえます。そこでおすすめするのが、旅に出ることです。旅先では思い切ってスマホの電源は切って、インターネットを使わない日を設けると、旅をしている何日間かでも情報が遮断されますので、かなり頭がすっきりとします。

そして日常に戻ったらインターネットや新聞などの情報を遮断するのは不可能なので、流れてくる情報をフィルターにかけて、自分が嫌な気分にならない情報を入手するようにすれば、旅先にいる時と同じような気分になれます。

 **心がときめくサイトをリスト化する**

# 脳HACK／40

# 脳のネオフィリアを
# 満足させるコツ

**人間の脳は、新しいものを好むネオフィリア（neophilia）という性質をもっています。** この地球上で人間だけが進化と繁栄を得たのは、人間が新しいものを好む性質をもっていたからだといっても過言ではありません。

ネオフィリアは、常に新しいものを好む脳の性質ですが、逆にいうと、脳にとって退屈は最大の天敵だということです。

もっとも、退屈を感じるということは、その人が成長している証拠でもあります。子どもの頃を思い出していただければわかるかと思いますが、子どもはすぐに退屈します。子どもの脳がそれだけネオフィリアの性質を強くもち、新奇のものが脳の栄養素となっている証拠です。

大人でも「いつも楽しいことを探し出しているから、退屈なんてしないよ」という人は、いいでしょう。脳も新しい栄養をとって成長できているからです。しかし、特に新しいことをするでもなく毎日を惰性で生きているだけなのに、退屈を感じなくなるとしたら、それはちょっと危険信号です。退屈を退屈と感じない──それは脳の成長が低下気味かもしれないからです。

**退屈な空気の中に長い間浸っていると、人間の脳はだんだん退屈に慣れて成長が止まってしまいます。** そうならないうちに、自分の退屈感を察知して、ネオフィリアを満足させる行動を新たに見つけ出すことが大切です。

幼稚園や小学校、中学校の頃までは、学校の先生や大人たちがいつも新しい課題を与えてくれました。宿題や推薦というかたちで、新しいテーマを子どもに提供し、子どもはそれらに挑戦することで自身のネオフィリアを満足させてきたのです。

ところが大人になると、ほかの誰かが新しい課題を見つけ出して与えてくれるわけにはいかなくなります。大人は経験があるぶん、自分で工夫してネオフィリアを満足させる行動を起こさなければなりません。興味のあることや新たな発見、好奇心などを満たすことで、脳に良い刺激を与えましょう。

僕の場合、これまでに一度も読んだことのない新しい本を読むことでネオフィリアを満足させる方法をとっています。

本を読むと、自分が今まで知らなかった世界を知ることになり、新たな発見と同時に好奇心が満たされます。また、本は読み始めれば、一瞬で違う世界に連れて行ってくれるものです。読む本を変えれば、また別の世界に飛んでいけます。

1冊の本はいつか終わりがくるでしょうが、この世にある本に終わりはありません。どれだけ僕が読んでも、まだ僕自身のネオフィリアを満足させてくれる本はいくらでもあるということです。したがって、僕にとって本は、脳の天敵である退屈を撃退する有効な方法のひとつなのです。

僕は同時期に数冊の本を並行して読む癖がありますが、これも1冊の本を読むのに少し飽きたら、別の本を手にとることができるという退屈防止のための作戦です。

音楽を聴くのもおすすめです。音が流れてきた瞬間、気分はパッと変わります。様々なジャンルの音楽をその日の気分

で変えていくことで、音楽を聴くという同じ行動の中でも、気分を変えることができます。新しいジャンルの音楽を聴くことも、ネオフィリアを満足させることにつながります。

また、最近ではコンピュータやスマートフォンを使って簡単に自分で音楽をつくれるようになってきていますので、それらを使って自分で音楽をつくって世界中に配信してみるのも面白いと思います。

たとえばアップルが開発・発売しているGarageBand（ガレージバンド）という初心者向けの音楽制作ソフトでは、楽器を練習したり、作曲したり、レコーディングを行うこともできます。その他にも、音声や動画、静止画などを組み合わせたマルチメディアタイトルを制作するためのソフトも充実しています。

現在は、かつてのように本を読んだり音楽を聴いたりという受動型の方法ばかりではなく、自ら音楽・動画制作をするなどの能動的な方法を使って、自分で楽しみをつくることができるようになっています。退屈しない方法はいくらでもあり、自分のネオフィリアを満足させられるかどうかは自分の工夫次第なのです。

**能動的な方法で楽しみをつくる**

# CHAPTER-4

## 疲れない
## コミュニケーション

# 脳HACK／41

# 初対面の人に
# 興味をもってもらうには？

　初対面の人をよく観察することも重要ですが、そもそも、こちらが初対面の人に興味をもってもらえる人間でなければ話にならないと思います。そこで、どうしたら相手に興味をもってもらえる人間になれるのか、について考えてみましょう。

　方法は、2つあります。ひとつ目は、自分をデコデコに盛ること。これは若い人がよく使う手です。若者は実績や経験が少ないので、自分を印象づけるために、誇張して自分をよく見せようとします。

「僕は、今こういうことをやっているんです！」「私は、将来こういうことを目指しています！」と言って、とにかく押しまくる。その方法で印象づけられないわけではないのですが、自分を売り込む話題がなくなった時、その人の本質が見えてきてしまう。そこで、どう話をもっていくかが、興味をもってもらえるかどうかの分かれ道かもしれません。

　2つ目は、佐藤可士和方式です。アートディレクターの佐藤可士和さんにお聞きした話に感動して、このように命名しました。

　可士和さんは、今では一流のアートディレクターなのですが、広告代理店の博報堂に勤めた最初の頃は、デコデコに盛るコマーシャルをつくっていたそうです。商品をいかに良く見せるかばかりに捉われた、カッコつけた、スカしたCM。

初対面の人に対して、自分に興味をもってもらおうと思うのは、自分自身のコマーシャルをつくるようなものです。自分という商品に興味をもってもらうために、自分をどう売り込むか、ということなのですから。

　ほとんどの人が、コマーシャルというものを包み紙みたいに考えてしまいます。自分という商品を立派な包み紙で飾り立てれば、売れる商品になると考えるわけです。

　可士和さんも、そう考えてコマーシャルをつくっていたけれど、包み紙という余計なものをはがした後に残る商品の本質を、ただシンプルに出すことがＣＭの本質だと気づきます。

　包み紙とは、人の場合でいえば、学歴や地位のことです。自信がない人ほど、包み紙で飾り立てようとしますが、人の本質とは、包み紙で何重にも包装されたものを１枚１枚はがしていった後に現れるものです。だから、自信がある人は、自分をそんなに飾り立てて宣伝する必要がない。

　**本質をストレートに出すというのが、人に興味をもってもらえる一番の方法**なのです。そうはいっても、自信がもてないと思う人もいると思います。しかし、包み紙をはがした後に何も残らない人間というのはいません。どんな人でも素の部分には面白いものがあるはずです。素の部分を出すためには、普段から自分という素材をそのまま出せるようなコミュニケーションを心掛けるといいと思います。

 **自分をストレートに出す**

CHAPTER-4　疲れないコミュニケーション

# 脳HACK / 42

# 「私」を意識すると、脳の機能が低下する

　僕は人の意識の問題を研究していますが、そこでわかってきたのは「私」を意識すると、脳の機能が低下するということです。

　たとえば、100m走の世界記録保持者であるウサイン・ボルト選手が、「私」に意識を集中させて、「もっと速く走りたい！　世界新記録を更新したい！　金メダルをとりたい！」と思って、100m走に挑むとすると、前頭葉の「私」に関わる回路が運動野の回路の働きを低下させてしまいます。その結果、良い記録が出なくなります。

　**人がもてる力を最大限に発揮できるのは、「私」を忘れて、無心（フロー状態）でいる時です。**「人から素晴らしいと言われる小説を書きたい」「人を感動させる絵が描きたい」「人

にすごいと思ってもらいたい」という「私」というものが意識されているうちは、ダメなのです。

　コミュニケーションも「私」を出してはいけない典型といえます。つまり「私」を意識したコミュニケーションは、うまくいかないということです。

　恋愛においても同じことがいえます。自分なんて忘れて、ただ2人の関係に夢中になっている時が一番うまくいっている状態でしょう。それが、「この人に私のことを好きになってもらいたい」とか、彼の気持ちがよそに行きそうになった時に「彼の気持ちを私のほうに取り戻したい」と思って「私」を意識すると、かえって不自然になってしまってうまくいきません。

**「私」という意識は、すごく大事なように思えるのですが、脳の働きを考えた時には、「私」を意識しないほうがうまくいく**。つまり、自分という素材をそのまま出すということ。「私」を意識しない、無心の状態ということです。

　文芸評論家の小林秀雄は、「批評とは無私を得る道である」と言っています。「私」というものが出てしまった文章は、いい文章ではないと言っているのです。

　ただ、どんなに「私」を消そうとしても、結局は「私」は残ってしまいますが、そういうふうにして出る「私」が一番いい「私」なのです。一番混じりっけのないピュアな「私」ということでしょうか。

 **無心の状態になる**

# 脳HACK / 43

# ターンテイキングがあるほど パフォーマンスはあがる

　話している時と聞いている時とでは、使っている脳の回路はまったく違います。**話している時は、ブローカ野、すなわち運動性言語野（運動系学習の回路）が働き、聞いている時はウェルニッケ野、すなわち感覚性運動野（感覚系学習の回路）が働きます。**

　CHAPTER-1でも述べましたが、運動系学習の回路は、話す、書くなど実際に身体を動かして情報を出力するところです。感覚系学習の回路は、聞く、見る、感じるなどの情報の入力をするところです。

　ところが、この2つの領域は脳内では直接つながっていません。ですから、ひとりの人間が他者とのコミュニケーションをとるためには、感覚系学習の回路を通じて相手の情報を取り込み、次に運動系学習の回路を通して相手に自分の意見を話す、という情報出力を行う必要があります。

　いいものを見たり、聞いたりしたら、それを今度は人に話したり、日記やブログ、SNSに書くなどの出力をしないと、いい会話をしたり、いい文章を書くなどのスキルは上達しないのです。知識があり、経験豊富でも、他者とのコミュニケーションにおいて運動系と感覚系のバランスがとれていなければ、宝のもち腐れになってしまいます。

　他者とのコミュニケーションにおいては、運

HEARING

動系と感覚系を同時に働かせてバランスをとる必要があります。言い換えると、**会話には「ターンテイキング（話者交代）」がすごく大事**だということです。

　ＭＩＴ（マサチューセッツ工科大学）の Center for Collective Intelligence（集合的知性研究所）では、あるグループのパフォーマンスと、そのグループの中でのミーティング時の話者交代がどれくらいなされているかということに相関性がある、という研究があります。

　社長が一方的にしゃべっているような会議ばかりやっている会社は、パフォーマンスが低く、その逆で会議では出席者全員が議論をし合う会社は、パフォーマンスが高いという結果が出ています。

　恋人同士の会話でも、彼が一方的に話していて、彼女がうなずいているだけとか、その逆で彼女が一方的に話して、彼が相づちを打っているだけという関係は、うまくいっているとは言えません。2人の会話の中で、彼も、彼女も同じくらいしゃべるという話者交代がなされているというのが、うまくいっている関係の指標になるのです。

 会話は交互に話す

SPEAKING

# 脳HACK／44

# 社会的感受性が高いチームほど仕事の成功率が高い

　最近は「空気を読む」という言い方がよく使われます。「空気を読んで、それに合わせる」という意味で使うことが多いでしょう。それとは逆に「空気なんか読まなくてもいい。自分の好きなようにやればいいんだ」という考え方もあります。

　アップル社の創業者であったスティーブ・ジョブズのように、アメリカで新しい文化をつくっている人などは、空気を読まずに新しいことをどんどんやっているというイメージがあると思います。

　でもスティーブ・ジョブズは、空気を読まなかったのではなく、空気を読んではいても、あえて違うことをやっていたわけです。空気を読むという能力は誰でも必要ですし、むしろ空気は読まなければいけません。空気を読まないと、その逆の発想が何かもわからないからです。

　空気を読むことは、日本人だけでなく、アメリカ人だって、イギリス人だって、中国人だって誰でもやっています。ただ、日本人は「空気を読む」ことを「空気を読んで、それに合わせる」ことだと思っています。

　野球で言うと、自分がバッターボックスに立った時、投球を見極めることは絶対に必要ですよね。でも、その後に必ずバットを振らなければならないわけではないし、必ず見送らなくちゃいけないわけでもない。投球が来て、その後に自分がどういう行動をとるのか、という選択肢は実は複数ありま

す。空気を読むこと（投球を見極めること）は、誰にでも必要ですが、その後どうするのかが大事なのです。

それでは、空気を読んでいる時、脳はどのような状態になっているのでしょうか。この時、**他者の脳をシミュレーションし、五感でその場の雰囲気を感じとっています。要するに、脳は社会的感受性を働かせています。**

MITの集合的知性研究所によると、グループで仕事をする場合、社会的感受性が高い人が多くいるグループのほうが、そうでないグループよりも、仕事の成功率が高いという研究結果が出ています。

社会的感受性とは、相手の顔色を見て何を感じているのかを読みとる能力ということです。**この能力のおかげで、グループ構成員同士がお互いを思いやり、協力し合うことで仕事がうまくいきます。**

空気を読むとは、まさに社会的感受性を働かせて、相手の気持ちを推し量ることです。たとえば、5人で飲みに行ったとします。その中のひとりがつまらなそうにしていることを感じとったとします。ここまでが空気を読むことです。

空気を読んだ後、どうするかが大事だという意味は、つまらなそうな人がいたら、その人に話しかけるとか、みんなに「場所を変えない？」と提案するなど、何らかの行動を起こして場の空気を動かすことなのです。

 **場の空気を動かす**

# 脳HACK／45

# 脳は無意識に相手の情報を読みとっている

　美術館に行った時に、作品の横に書いてある説明書きばかり読んでいる人をたまに見かけると思います。そういう人は観察していると、作品自体を観ている時間よりも、説明書きを読んでいる時間のほうが長かったりします。本当は、作品を観てそこから何を感じるかのほうが大事なのですが……。

　初対面の人との最初の1分をどう過ごすのかというのは、美術館で最初に作品を観た時に、五感を開いて、その作品自体を感じとる作業に似ています。そこで、初対面の人のイメージが強烈に自分の中に入ってきます。

　コナン・ドイルが描いた『シャーロック・ホームズ』でも、シャーロックは初対面の相手を五感で感じとり、相手の出身地や職業、家族構成、交友関係などを当ててしまいます。シャーロックがやっていたことは、映画監督であったオーソン・ウェルズも言っていることです。

　オーソン・ウェルズは、コールド・リーディングで相手のことを言い当てることを「シャット・アイ」と呼んでいました。コールド・リーディングとは、相手に関する事前情報がまったくない状態で、外見を観察したり、何気ない会話を交わしたりするだけで相手のことを言い当てる話術のことです。

　**コールド・リーディングは、主に自分の言うことを相手に信じさせる時に使う話術であるため、占い師や霊能者などが**

**意識的に用いる技術でもありますが、「シャット・アイ」とは無意識的にコールド・リーディングを使っていることをいいます。**

「シャット・アイ」ができる人は、自分でも理由がわからないうちに、相手のことを感じとってしまうことができます。オーソン・ウェルズは、「シャット・アイ」ができたので、一時期は「私はあなたの心を読みとれます」と言って、ふざけ半分に人のことを占っていたことがあったそうです。

ある時、中年の女性が自分のことを占ってほしいと言ってウェルズのところにやってきました。そこで彼は、彼女を一目見るなり「あなたは、最近旦那さんを亡くしませんでしたか？」と言ったら、その女性が突然泣き出して「その通りです」と言ったそうです。それでウェルズは怖くなって人の心を読むことをやめたといいます。

ウェルズは、占いや超能力を信じていたわけではなく、コールド・リーディングを技術的に習ったわけでもなかったのですが、人間洞察に優れていました。そういう人は、相手の表情や服装、ちょっとした会話の中から相手の情報を感じとることができてしまうのです。

「シャット・アイ」ができる人はまれですが、多かれ少なかれ人間の脳は相手の情報を読みとるようにできています。したがって五感を開いて、意識的に相手のことを観察すれば、多くの情報を得ることができるというわけです。

 **脳は相手の情報を読みとっている**

# 脳HACK／46

# コンファビュレーションこそ会話の本質

コンファビュレーション（confabulation）という概念があります。日本語にすると「でっちあげ」「口から出まかせを言う」という意味になります。会話とは実はコンファビュレーションなのです。

会話がコンファビュレーションであることを実証した有名な実験があります。被験者に2枚の顔写真を見せた上でどちらが魅力的かどうかを選んでもらいます。そこで一旦写真を回収し、再び写真を渡して、「あなたは、なぜこの写真の人が魅力的だと感じたのですか？」と質問します。

この際、手品のようなトリックを使って、時々、被験者が魅力的だなと思って選んだ人物の写真ではなく、もう1枚の人物の写真にすり替えてしまいます。つまり、ある確率で被験者が選んでいないほうの写真を見せて、「どこが魅力的か教えてください」と聞いているわけです。

ところが、被験者は自分が選んでいないほうの写真を見せられているにもかかわらず、「この表情がいい」「この髪の色が素敵だから」などと答えてくれます。被験者は、写真がすり替えられたことにすら気づかず、自分が選んでいないほうの写真の人物を褒めているのです。褒めている時には、その場で適当に理由をでっちあげています。これを「チョイス・ブラインドネス（選択盲）」と言います。

人間の脳は、何でもその場ででっちあげることができるの

124

です。たとえば小学生同士が遊んでいて、校舎のガラスを割ってしまった。そのことで職員室に呼び出されて、担任の先生に「どうして、そんないたずらをしたんだ？」と聞かれたとします。この時、2人の小学生はただ遊んでいて、そのはずみでガラスにぶつかって割れてしまっただけなのですが、「どうして？」と聞かれれば、何か理由を言わないとまずいと考えます。そこで、その場しのぎの話をつくり上げてしまいます。

　これは悪いことだと思われがちなのですが、**脳の仕組みからすると、コンファビュレーションが会話の本質であると言えるわけです**。つまり、でっちあげを楽しむのが会話だと思うと、会話そのものを楽しめると思います。

　コミュニケーションが苦手だなと思っている人は、誰かに会う前に、「あの人には、あれとこれを話題にして話そう」などと事前に考えることもあるかと思います。話すことを準備しておくと、一見安心なようですが、準備してきた話が終わってしまうと、頭が真っ白になって何も話すことがないという事態に陥る可能性もあります。

　会話の上級者は、事前に準備などせず、その場で適当に話題を探してきて話を続けることができます。

## 「でっちあげ」を楽しむのが会話

# 脳HACK / 47

# 脳には、文脈を変える技術がある

　会話をしていると、どうしても相手とぶつかり合ってしまうこともたまにはあります。お互いのロジックの整合性が見えない状況です。

　話を重ねても、どうしても論理的に折り合いがつかない場合は、脳の感情のシステムの出番です。つまり、ある文脈の中で矛盾が生じたり、うまく解けないものが、違う文脈を導入することで解消されていく。

　たとえば飲み会に行き、対決していた問題ではなく、まったく異なる会話をすることにより、和解してしまうことがあると思います。

　会話において、状況を判断しながらまったく違う文脈を導入する。これは人間がもつ会話力の高度な技術です。**文脈を変えるという行為は、感情のシステムの働きであると同時に、眼窩前頭皮質を中心とする脳の回路が、いろいろ脳の働きを調整した結果とることができるのです。**

　会話中に、ロジカルのスパイラルに陥ってしまいどうしようもなくなった場合、文脈を変えることができるのが、脳のもつ大事なスキルのひとつなのです。

 **異なる文脈で衝突を回避する**

## 脳の感情のシステムで文脈を変える

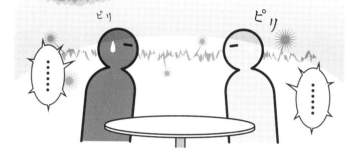

険悪なムード

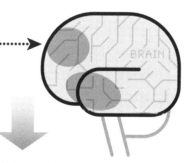

眼窩前頭皮質で文脈を変えてみる

和んだムード

# 脳HACK／48

# 外部性を意識すると
# 脳が活性化

　占いというのは、適当なことを言う「でっちあげ」の芸術といえます。たとえば朝の番組で「今日は、射手座の人が最高にラッキーな日です」などと言われると、射手座の人は、「えっ？　そうなんだ。ラッキーな日か」と、ちょっとその気になると思います。

　他者との会話も占いみたいなところがあって、会話の中で思わぬことを言われるから、「へえ〜」と思って、言われたほうは考えます。それが脳にとっては刺激になって活性化することにつながります。お互いに相手の参考になるようなことを何か言い合うというのが、会話ではないでしょうか。

　**相手の参考になることとは、難しい言葉でいうと「外部性」ということです。**これは経済用語で、ある経済主体の意思決定が他の経済主体の意思決定に影響を及ぼすことをいいます。そのような場合に対処するために考案された概念が「外部性」です。ここでは、相手の脳では考えられないようなことを相手に示すことをいいます。

　相手の参考になるといっても、実際に物事を推測してぴたりと言い当てるようなことでなくていいのです。正解じゃなくても、相手が自分で考えるきっかけになればいいのですから。ただし、あまりにも適当なことでは相手の心に響かないので、「あ、本当かもしれない」と相手が思って、立ち止まらせることが言えたらいいと思います。

僕自身は、中学生の時に所属していた科学部の顧問の先生に言われたことを思い出します。

ある日、その先生が僕に向かって「茂木くんを見ていると、いつも一生懸命で、『アルプスの少女ハイジ』に出てくるペーター少年みたいだね」と言われたことがあります。ペーターは、ハイジの友だちのヤギ飼いの少年ですが、はにかみ屋で口下手だけど山では頼もしい真っ直ぐな少年です。

「ペーター少年のようだ」と言われた時は、「僕は、ペーター少年みたいに純真な少年じゃないんだけどな」と内心とまどったのですが、先生からはそう見えるのなら「ペーター少年でもいいかな」と思いました。その瞬間に、その気になったものです。

他者との会話は、自分を違う視点で見るきっかけになると思います。相手に何か言われて、その気になったり、やる気が出たり、勇気が湧いてきたりするのです。

## 会話を自分を違う視点で見るきっかけにする

# 脳HACK／49

# 相手の世界を自分の中に
# 取り入れるのが会話

　ある時、小津安二郎監督の映画を鑑賞するというイベントに呼んでいただき、広島県の尾道まで行ってきました。

　最初に、みんなで小津監督の映画を観て、その後に「尾道こども映画教室」と題したトークイベントで、私も含めた大人たちと子どもたちとで話をしました。そこで、ほとんどの大人が子どもたちに向かって質問するのは、小津安二郎監督の名作を観て子どもたちがどう感じたか、というものでした。

　でも、私が子どもたちに聞いたのは、小津監督の映画とはまったく別のことでした。「ところで、君たちはどんな映画が好きなの？」と聞きました。すると、ジブリ作品とかエヴァンゲリヲンなんて答えが返ってきます。その後は本の話になって、「君たちはどういう本が好きなの？」と質問すると、ほとんどの大人が知らないような、おそらくライトノベルだと思われる作品名がたくさん挙がりました。

　また別の機会に、高校生を対象にした講演をしたことがあるのですが、その時も、質問タイムになると、高校生も私に質問してきますが、逆に私から高校生に聞くことも多くありました。「今、高校生の間では何が流行っているの？」と聞くのです。そうすると面白い話が聞けます。たとえばLINEのアプリを最初に知ったのは、高校生からでした。

　会話とは、本来こういうものではないでしょうか。つまり、好奇心をもって他人の話を聞き、自分の知らない世界を自分

の中に取り入れること。

**会話する態度として良くないのは、非対称性ができてしまうことです**。特に大人と子どもの会話は、非対称性に陥りやすい典型といえます。大人は、子どもと話す時、どうしても自分のもっている知識や経験を与えるという態度で話してしまいがちです。

そうすると、会話は対等ではなくなり、子どもたちの本音や本当に子どもたちが考えていることがわからなくなります。子どもたちは上から「教えてやる」という態度で来られると、大人たちは自分たちとは違う存在なのだと認識して、心を閉ざしてしまうでしょう。

そうではなく、大人だって子どもたちから教えてもらえることがたくさんあるのだという態度で会話すべきです。そして実際に、子どもたちから教えてもらえることはたくさんあります。

そのためには、「自分はそんなことに興味はないから」と興味の対象を限定しないこと。「興味ないから、よく知りません」という態度ではなく、「それって、何？」と聞けるような好奇心をもつことです。繰り返しますが、良い会話とは、相手の世界を自分の中に取り入れるためにあるものなのですから。

## 興味の対象を限定しない

# 脳HACK／50

# 対等な会話による
# 情報交換がベスト

　楽しい会話の理想像は、同級生間のような会話です。**脳科学的にも、対等な人間同士の会話が一番話が弾むという研究があります。**

　対等な関係だと、「あれを言ってはいけない」「これは言うとまずい」というタブーがほとんどないからです。すると、**脳の中での情報のやりとりが効率よく行える状況になります。**

　また科学者というのは、偉い大学教授だろうが学生だろうが対等な人間として議論します。そのようにしないと、実験データや事実関係を正確に分析し、新しい理論を打ち立てていくことができないからです。

　逆に対等でない会話の場合は、会話が弾まないだけでは済まされない問題も起こってきます。2013年7月6日に韓国の仁川国際空港を離陸して、サンフランシスコ国際空港に着陸する予定の韓国の航空会社アシアナ航空214便が、着陸に失敗して炎上するという事故が起こりました。

　乗員・乗客307名中3名が死亡し、182名が病院に搬送され、うち数十人が重傷を負ったという事故で、全世界で1000機以上が就航しているボーイング777型機での初の死亡事故だそうです。この事故を契機として、アメリカのメディアでは、韓国の航空会社による事故が一時期続発した理由をさかんに話題にしていました。

それによると、韓国の文化が上下関係にうるさいために事故が起こったというメディアもありました。韓国では機長と副操縦士の関係が対等ではないため、機長が明らかに間違った判断を下したとしても、副操縦士は機長の言うことに逆らえないという文化があるため、自分の意見を言うことができない。そのため、事故が起こったというのです。

　本来、機長と副操縦士の2名がコックピットに乗務しているのは、対等な立場でお互いの意見を言い合うことで運航の安全を図ろうというものなのに、副操縦士が機長に対して何も言えないのでは2人乗っている意味がありません。

　このように、上下関係が厳しい文化というのはリスクが高いわけです。飛行機事故ほど劇的なことではなくても、上司には絶対に逆らえないという文化のある会社は、いいアイディアが出にくい会社でもあります。

　逆に、上司と部下とか、年上・年下といった年齢や社会的立場などを全部なくして話し合える会社は、活気があります。特にベンチャー企業などはそういう傾向が強いです。

　多くのベンチャー企業は社内はもちろん、ベンチャー企業の経営者同士でも敬語を使わずに対等に話しています。そして、そういう情報交換が一番いい情報を引き出せるのです。

 **同級生同士のような会話をする**

# 脳HACK／51

# 脳の中に空白をもつことが
# アンチエイジングになる

　現在は、インターネットで検索すれば、たいていのことが
わかる社会になっています。それだけ情報が行き渡っている
証拠ではありますが、検索して上位に出てくる情報でみんな
が動く社会になってしまっているともいえます。

　たとえば、書店のベストセラー・ランキングで上位になった
本は売れるけれど、下位のものは売れない。このような現象
はネット上だけに限りません。みんなが買っているものを自分
も欲しい、という感覚で行動を決めてしまっているようなと
ころがあります。そうなると、何を望んでいるのか、何を知り
たいのか、という問いを立てることがなくなってしまいます。

　**問いを立てることは、脳の中に空白をもつということです。**
空白とは、満たされない何かがあるということですし、ハン
グリー精神にもつながる。そういう意味で、問いの答えを見
つける能力よりも、問い続ける能力のほうが人間として大事
な気がします。そういう人は、絶対に年をとらない。

　芸術家がいつまで経っても若々しいのは、課題があって、
それに対して問い続けているからです。「今よりもっといい
絵を描くには、どのようにすればいいのか？」「自分が本当
に描きたい作品とは何なのか？」──そういう課題には簡単
には答えが出ない。だから満たされない想いを抱えつつ、問
い続ける。問い続けることで脳の中に空白が生まれる。その
ことが脳にとってのアンチエイジングになっている、という

わけです。

　問いを立てる時に注意すべき点があります。ひとつは、長持ちする問いをもつこと。問いの中にもレベルがあって、「どうやったら、給料が上がるのか？」「嫌いな上司とどう接すればいいのか？」という問いは、レベルが低い。理由は、その問いは自分ひとりだけが納得できればそれでいいという狭い範囲のものであるから。会社を辞めたら、その問い自体が消滅してしまうので長持ちしない問いでもあります。

　長持ちする問いとは、すぐには解決できないものであり、その問いかけをすることで、そこからさらなる問いが発生し、何かを生み出します。

　それでは、一生解決できない大きな問いならいいのかというと、これも一概にはいえません。「人生の目的は何か？」という問いは、抽象的すぎて一般論になってしまう恐れがあります。一般論にすり替わったところで、自分の問いではなくなってしまう。すると、問いはそこで止まってしまって、問い続けることができなくなります。

　**いい問いとは、具体的な行動に結びついていたり、努力して解決するような道につながっていたりするものです。** たとえば先ほど例に出した「今よりもっといい絵を描くには、どのようにすればいいのか？」。これらの問いは、具体的かつ行動を起こすことや努力することにつながっています。

### 「いい問い」とは
### 具体的な行動に結びつく問い

# 脳HACK／52

# 「ベターハーフ」と思える相手を見つける

　自然体がコミュニケーションにとっては一番いいわけですが、最初はなかなか難しいでしょう。それでは、人が自然体でいる、とはどういう時か、考えてみましょう。

　ひとりでいる時は誰も見ていませんから、何をしてもいいと思えるのでリラックスしています。しかしひとりではコミュニケーションは成立しませんから、ひとりでいる時以外で一番リラックスできるのは誰と一緒にいる時か、考えてみます。家族、恋人、親しい友だちなどがそれに当たると思います。

　たとえば、恋人といる時が一番リラックスできて自然体だという人ならば、その相手とその人とは「ベターハーフ（better half）」なのでしょう。

　ベターハーフとは、古代ギリシャの哲学者、プラトンが著書『饗宴』の中で使っていた概念です。プラトンによると、神話の世界では、人間は3種類に分けられていたといいます。今のように男と女ではなく、男男、男女、女女で分けられていたという。これはどういうことかというと、現在の私たちのふたりぶんの素材で、ひとりの人間ができていたことになります。

　ところがある時、人間は神の怒りに触れて、ふたつに引き裂かれてしまいます。その結果、世の中は男と女だけになってしまいました。そして、人間は神によって引き裂かれた自分の片割れを求めるようになったのです。この片割れを求め

る行為が恋愛であると、プラトンは言っています。

　もう片方の自分のことを「相手のほうが、自分よりも良い半分である」という意味合いで、「ベターハーフ」と呼びます。

　自分にとっての「ベターハーフ」だと思えるような人と一緒にいると、生き別れたもうひとりの自分に出会えたような気分になってリラックスできるのだと思います。さらに「ベターハーフ」なのですから、その人といると、ひとりでいる時の自分よりも、より良いところが出るという関係です。

　**自然体のためには、まずは一番リラックスできる相手といる時の自分であるように心掛けてみましょう。**その時の自分の状態を、他の人といる時にもできるようにするのです。

 **リラックスできる相手と過ごす**

# 脳HACK／53

# 会話も創造性の産物
# 共感×好奇心＝会話力

　コミュニケーションをとる上で、「こんなこと聞いては、いけないんじゃないか？」というような引っ込み思案や羞恥心は捨てたほうがいいでしょう。

　人と会話することで、脳が満足することはたくさんあります。話をしている人と意見が合ったと思った時に感じる「共感」。自分が知らないことを聞いた時に感じる「好奇心」。

　一番満足度が高いのが「好奇心」です。好奇心を満足させるには、恥ずかしがらずに聞くことから始まります。そうしないと好奇心を満足させることはできませんし、聞かなかったことで後悔もするでしょう。

　会話ほど好奇心を刺激するものはないでしょう。自分とは違う人間が目の前にいて、自分が知らないことや、自分が知らないその人のことを聞ける。それは、相手にとっても同じで、知らないことを聞くことで生じる好奇心をお互いに交換し合うことができる。

　**一方、創造性は「経験×意欲」から生まれます。側頭葉がつくり出した「経験」と、前頭葉が発信する「意欲」の掛け算によって創造性が生み出されます。**

　もっと詳しく説明すると、側頭葉は「記憶」を司るところなので、人は外部からの情報を受け取ると、それを記憶として側頭葉に蓄えます。そして、その記憶は脳の中の運動系学習の回路を経由してアウトプットされることで、初めて「経

験」となります。

　では創造性に「意欲」がどう関わってくるのかというと、前頭葉は意識も司りますが、「意欲」も司っています。「意欲」は、「これをやってみたい」「これを知りたい」「もっといいものを見てみたい」という感情から湧きあがってきます。これらの感情は、「経験」をもとに生まれてきます。つまり、前頭葉が生み出す「意欲」も「経験」がもとになっています。

　**したがって、側頭葉の「経験」の蓄積が多い人ほど新しいものを生み出せますし、前頭葉の「意欲」が強い人も創造性を発揮できます。**

　会話も人がつくりあげる創造性の産物です。

　それでは、会話という新しいものを生み出す時に必要なのは何でしょうか。それは会話することで得られる情報や経験と、それを得たいと思う強い好奇心です。

　つまり、会話における創造性は、会話から引き出される経験（主に共感）と好奇心から生まれます。共感×好奇心＝会話力ということです。

 創造性は「経験×意欲」から生まれる

# 脳HACK／54

# コミュニケーション不足は、脳の機能を低下させる

　会話が脳にとってのアンチエイジングとなるのは、「好奇心」を満たすことが脳にとっての若さの源になるからです。したがって、会話をしない人の脳は、次第に衰えていきます。

　たとえば独身で社交性に乏しく、会社以外の人とのつき合いがない人が、定年退職した後、ひとりでずっと家に引きこもって生活しているところを想像してみてください。あるいは自動車事故などを起こして、長期間入院生活を余儀なくされたとしたら……。まず、神経が衰弱してくると思います。

　例外として、修行中の僧侶などのように、誰とも会わなくても脳が衰えない人もいます。彼らは、瞑想を通して自分の脳と対話しているから大丈夫なのです。それ以外の普通の人は、会話がない状態が長くなると、それに慣れてきて好奇心を失ってしまい、脳の会話する部位が衰えていきます。

　そういう状態の脳はどうなっていくのかを説明しましょう。言語中枢のひとつであるウェルニッケ野がある側頭連合野と、喉、唇、舌などを動かして言語を発する役割を担っている前頭葉の運動性言語中枢（ブローカ野とも呼ばれる）は、直接会話することに関わってくる部位なので、使わないと機能低下します。

　さらに、コミュニケーションをとることによって分泌されるドーパミン（喜びを感じた時に分泌され快感をもたらす）、エンドルフィン（鎮痛作用があり、多幸感をもたらす）、セ

ロトニン(精神を安定させ、安らぎを与えてくれる)といった神経伝達物質も放出されなくなります。

このように**コミュニケーションをとらないと、脳が機能低下するだけではなく、幸せだと感じることもできなくなって**しまいます。

**ドーパミンを始めとする脳に喜びを与えてくれる報酬系の神経伝達物質は、新しいものに反応して分泌されます。**初めて見たもの、初めて聞いたもの、初めて会った人などです。

そして会話する相手は、自分にとって初めてのことをもってきてくれる可能性が非常に高い。その理由は、自分は自分の好きなものを知っているけれど、相手が好きなものは何かわからない。相手が知っていることと自分が知っていることとは違う。相手が最近経験したことと、自分が経験したこととは違うからです。

つまり自分にとっての初めてのことは、好奇心を連れて来てくれるから、脳が喜びを感じるのです。

また、会話から得られる情報は、テレビや新聞、インターネットなどのメディアが提供する情報とは脳の受け取り方が違います。会話から得られるのは、生身の人間がもたらす生きた情報なので、脳が本気になります。

**生身の生きた情報こそ、脳が本気になる**

# 脳HACK／55

# 雑談を楽しめるのは
# 脳が健康な証拠

　自分の脳が健康かどうかを推し量るバロメーターのひとつとなるのが、「雑談が楽しいと思えるかどうか」です。

　仕事や家事・育児に追われていて余裕をなくしている人は、雑談をしていても楽しむことができません。というのも、「こんなところで話している時間があったら、仕事に戻りたい」「家に帰ったらやることがいっぱいあるのに、こんなことで時間を無駄にしている場合じゃない」という発想になるからです。

　気に掛かっていることがある人もまた雑談を楽しめません。「今日は、この場でどうしても、○○さんに商談をしなければ！」「今日、前の彼女と会うことになっているけど、何とかよりを戻すことができないかな」というように思いつめていては楽しくありませんし、肩に力が入りすぎてしまうせいで、かえってうまくいかないことのほうが多いようです。

　ですから、今のあなたがたわいもない雑談を楽しいと思えるなら、それは脳が健康な証拠ですから、その状況に感謝すべきでしょう。

　では、雑談が楽しめるかどうかは、その時の自分が置かれた状況次第ということでしょうか。

　確かに日々の生活に忙殺されていたり、失恋したり、受験や就職に失敗したりといった状況において雑談を楽しむことは難しいと思います。

けれども、その痛手からある程度立ち直ったら、あるいはちょっとした工夫をすることで日々の多忙を少しでも解消できたら、その時は考え方次第で状況を違った目で見られるのではないでしょうか。

　僕の過去を振り返ってみると、「雑談なんて無駄なことだ」と思っていた中学・高校時代は、人生を楽しむことができなかったし、精神的にもひどく冷めていて老け込んでいたように思います。逆にいうと、雑談を楽しめるかどうかは、その人の若さのバロメーターでもあるのではないかと思います。

　僕が理化学研究所で働いていた時の上司だった数学者の甘利俊一さんは、飛行機の中で数学の論文を1本仕上げてしまうほど天才的な人であると同時にとても若々しい人です。そんなに偉大な数学者であるにもかかわらず、甘利さんはとても気さくで、学会に行くと、温泉に入りながら、研究とは関係ない、くだらない話を実に楽しそうにしていました。

　僕の師匠の師匠にあたる生理学者の江橋節郎（えばしせつろう）さんも、もう少しでノーベル賞に届くのではないかといわれたほどの科学者でしたが、その昔学会でご一緒した時は野球の話に花が咲いて、感覚が若いなと感じました。

　つまり雑談を楽しめる人は、脳が健康で若々しく、かつ自分が置かれた状況を楽しめる人だと思います。

## 雑談は、脳の健康のバロメーター

## 脳HACK／56

# 会話は「予測不可能性」に満ちている

**話している時は、脳の側頭連合野の連想記憶系が働いています。側頭葉は記憶を司る脳の領域であり、そこに記憶が蓄積され、蓄積された連想記憶を前頭葉がコントロールして、会話に必要な情報をとってくる働きをします。**

雑多なことを話題にすることにより、蓄積されネットワーク化された記憶を必要な時に自由に引き出せるようになります。雑談とは、その場で会話をつくりあげていくものですから、その時に会話を何とか成立させようという脳の働きを強化させることができるというわけなのです。

さらに雑談とは、このあとの会話の展開がどうなるのか、その場にいる誰にも予測できないという「予測不可能性」に満ちています。生身の人間同士の会話——特に雑談——には、筋書きがありません。相手が次に何を言うのかはわかりませんし、相手が言ったことに対して自分がどう反応するかも、その瞬間になってみなければわかりません。それとは逆に、自分が言ったことに対して、相手がどう出るかもわからない。まさに「予測不可能性」の塊で、予想できないことに対応するからこそ、脳が鍛えられるのです。

会話において、相手も自分もどう反応するかわからないという「予測不可能性」は、初対面の人ほど大きいといえます。つまり、初めて会話する相手というのは、自分にとって初めてのことをもってきてくれる可能性が非常に高いからです。

しかし、私たちの日常においては、初対面の人としばしば会う機会があるという人は限られていると思います。会社勤めの人であれば、毎日同じ会社に行って同じ部署で働いているのですから、新しい人と出会う確率はそれほど高くはないでしょう。

それでは、そのような生活は「予測不可能性」がないのでしょうか。前述したように、会話とは予測不可能性の塊なので、誰かと会話すれば必ず「予測不可能性」は生まれます。それが初対面の人でなくても。

自分がよく知っている人でも、相手の話に耳を澄ませ、言葉の一つひとつに注意を払い、相手の表情やしぐさをよく観察すれば、よく知っていると思っていた相手の新たな一面を脳は察知することができます。

それがどんなに些細な「予測不可能性」であっても、脳にとっては新たな発見となり、喜びとなるのです。そのように「予測不可能性」に対応していれば、脳は自然に鍛えられます。

 **相手の表情、しぐさをよく観察する**

# 脳HACK／57

# 150人を超えると、親密な人間関係を保てない

　イギリスの人類学者であるロビン・ダンバーが提唱した概念に、「ダンバー数」というものがあります。ダンバー数とは、人間がそれぞれの人と安定した関係を維持することができる個体数の上限をいいます。**ダンバー数の上限は、だいたい100～230人の間で、平均すると150人であると述べています。**

　ダンバーは、サルの群れの大きさを研究していて、大脳皮質の大きさとグループの大きさに相関関係があることに気がつきました。霊長類がグループをつくるには、お互いに毛づくろいをするような親密なコミュニケーションが必要で、このような親密な関係を維持するのは大脳皮質の大きさに制約されると考えました。

　人間の場合、毛づくろいの代わりに言語を使って親密なコミュニケーションをすると考えられています。毛づくろいよりも言語でのコミュニケーションのほうが簡単にできるため、人間は他の霊長類よりもグループのサイズを大きくすることができましたが、それでも個々の関係を親密に保つには150人が限度だということです。

　僕は仕事柄多くの人に会うため、知り合いの数もかなり多いです。フェイスブックの友だちリストは200人くらいで、ツイッターをフォローしている人に関しては4000人以上です。この時点ですでにダンバー数をオーバーしているため、

友だちリストに入っている人や自分がフォローしている人たち全員は把握しきれません。

　僕が常にアクティブに連絡を取り合っている人は、その中でも150人くらいだと思うので、SNSの友だちもリアルな友だちもそのくらいが限度だと考えています。ですから、友だちの数を増やしたいという、数字だけを目標にして人間関係をつくろうとするのは間違いです。

　脳科学的に見ても、人間の脳が同時に扱える人数の限度はやはり150人くらいだと思います。

　なぜ、人間の脳が同時に扱える人数が150人くらいなのかというと、それ以上になるとその人の脳の中の人間関係が複雑になりすぎて処理できなくなるからです。

　例を使って説明しましょう。知り合い何人かを集めて食事に行ったとします。その時に言っていい話題と悪い話題を使い分ける判断能力が人には備わっていますが、人間関係が複雑になると、その判断が難しくなります。

　ダンバー数の上限（平均150人）を超えると、「この顔ぶれだったら、この話題を出してもいいだろう」という判断が鈍って、その場で話してはまずいことまで言ってしまって、場の雰囲気を壊すような事態を招くということです。

 友だちの数にも上限がある

# 脳HACK／58

# ゆるいつながりの人たちから のほうが、仕事をもらえる

　他人の脳が何を考え、何を信条にしているかなどをシミュレーションすることは、そんなに簡単なことではありません。親しい友人ならば、何を考えているか長年のつき合いを通してなんとなくわかる部分が多いと思いますが、初対面の人となると、ゼロからシミュレーションを立ち上げていかなければならないからです。

　ただし、初対面といっても、同じ会社の新入社員同士など初めから共通点の多い人などはシミュレーションしやすいでしょう。逆にいえば、自分から遠い世界にいる人ほど、共感回路が立ち上がりにくく、シミュレーションが難しくなります。

　ただ、面白いことに、自分から遠い世界にいる人からのほうが、実は有益なアドバイスや新しい仕事がもらえたりするという研究結果があります。自分から遠い世界にいる人とは、言い換えると自分との関係性が弱い人といえます。

　**この弱い人間関係を「ウィーク・タイ」といい、普段属しているコミュニティが違っている人や、ツイッターやフェイスブックなどのソーシャルメディア上でしか交流がない人、1、2回しか会ったことがないなど、ゆるいつながりの人たちを指します。**

　これに対して、強い人間関係を「ストロング・タイ」と呼びます。ストロング・タイとは、家族や友だち、会社など普

段の生活に密着している強い絆をもつ人間関係を指します。

では、どうしてウィーク・タイの人たちとのつながりのほうが、仕事などがもらえたりするのでしょうか。

それは、ストロング・タイの人たちよりも、より多くの新しい情報やアイディアをもっている可能性が高いからです。

普段自分が属していないコミュニティの人同士が結びつくと、イノベーションが起こりやすく、そこから新しい仕事が発生しやすいのです。一方、ストロング・タイの人たちとは頻繁に会って、常に情報を共有しているため、新しい仕事やアイディア、アドバイスなどが発生しにくいというわけです。

現在は、インターネットの登場によって以前よりもより多くの人とウィーク・タイでつながることができるようになりました。つまり、現代においてはウィーク・タイをうまく利用していくことこそが、仕事もプライベートも充実させていくために必要なことだといえるわけです。

## ウィーク・タイの人とつながる

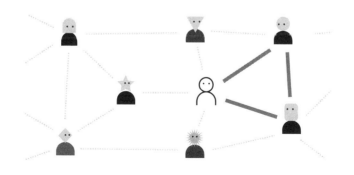

# 脳HACK／59

# 人の意識が進化した理由は、コミュニケーションのため

　人の意識が進化した理由の一つは、コミュニケーションのためだという説があり、意識の本質の一端をとらえていると考えられています。

　しかし、多くの人が意外だと思うのではないでしょうか。なぜなら意識とは、自分が意識するから存在するものであって、あくまで自分だけのものだという考えがあるからです。

　ここで考えてみてください。自分が意識していることは、他者に伝えることができます。自分が意識していない無意識のことは伝えられません。たとえば誰かを好きになったとしても、それを自分が意識していなかったら、相手に伝えることはできません。意識していれば、自分の気持ちを伝えることができます。だから、意識はコミュニケーションのためにあるといってもいいわけです。

　意識が存在する理由が、他者へ何かを伝えることだと考えると、相手の長所は、本人よりも他人のほうが見えているともいえます。実際に、自分の長所が見えていない人は本当に多いです。ですから、私は誰かの長所が見えたら、すかさずそれを相手に言うようにしています。

　長所を言ってあげることで、本人が自覚してさらにそこを伸ばしていくという場面を何度も見てきたので、みなさんも自分の周りの人たちの長所に気がついたら、言葉に出して言ってあげてください。それが互いに成長することであり、人

と人とのコミュニケーションにもなります。

　**人間の脳は一人ひとり別々ですが、実はひとつの脳になりたいという欲求をもっています。**１匹１匹のアリは独立して動いていますが、巣全体で見るとひとつの意思をもっているかのように見えます。同じように人間の社会も、一人ひとりの脳は別々だけれど、社会全体としてはある意思をもっているように見える時があると思います。

　たとえば国という概念は、私たち一人ひとりにその国の国民であるという意思を与えています。普段は日本人であることを意識していなくても、オリンピックやサッカーのワールドカップが開催されると、自分は日本人であり、日本国民としてみんなで心をひとつにしたいと思うはずです。

　生物は、心のどこかで誰かとつながっていたい、みんなとひとつになりたいと望んでいるのでしょう。でも、やはり**お互いが違う脳をもって生きているから、相手のことがわからなくなったり、すれ違ったりして、ひとつにはなれない。**

　ひとつになりたいという欲求が絶対に満たされない――そのジレンマがあるからこそ、人は人とのコミュニケーションをとりたくなるのではないでしょうか。永遠に満たされない欲求を少しでも満たそうとするために。

## 人間の脳は、ひとつの脳になりたいという欲求をもっている

# 脳HACK／60

# 中心を外さずに聞くと、本題に戻ることができる

　人の話を真剣に聞く時に、一番大事なことは中心を外さないで聞くこと。この聞き方を僕に教えてくれたのは、ユング心理学者の河合隼雄先生です。中心を外さない聞き方は、河合先生が長年のカウンセリング経験から編み出した必殺技ともいうべきものです。

　精神的にものすごく重い症状を抱えた患者さんがカウンセリングに来た時に、あまりにも患者さんに感情移入して話を聞いてしまうと、カウンセリングにならないといいます。共感しすぎて、カウンセリングしているほうが、患者さんの病気に引きずられてしまうからだそうです。

　そこで、河合先生は自分の立場から離れずに、自分という人間の真ん中をずらさないようにして、話を聞きます。相手の話に前のめりにもならず、かといって離れもしない。つかず離れずの距離感を保って、聞く姿勢はブレないという、まさに最上級の聞き方です。

　中心を外さない聞き方は、相手に感情移入しすぎないために、一見すると冷たい態度にも思えるのですが、そうではありません。

　相手に対して感情移入しすぎると、聞いているほうはだんだん疲れてきます。そうすると、今度は相手の話が耳に入ってこなくなる。自分を守るために相手から離れすぎてしまうわけです。これでは、相手にとって一番いいコメントを返す

ことができなくなってしまいます。だからこそ、中心を外さない聞き方が一番いいのです。

中心を外さない聞き方は、訓練しないとなかなか習得できません。そこで脳の性質を活かして訓練する方法をお教えしたいと思います。

**脳は、慣れたことは全部無意識でできるようになる、という性質をもっています**。最終的には、無意識で中心を外さない聞き方ができるように訓練するわけです。

まずは「自分がしゃべった言葉が、相手にはどう聞こえているのか」ということを常に意識して話すようにしてみましょう。これも相手の心の状態をシミュレーションしながら話すのです。

たとえば彼と別れたばかりの友だちに対しては、自分が現在幸せいっぱいであっても、そのことを聞いたら友だちはどう思うだろうか？　とシミュレーションする。何も考えずにしゃべる前に、相手の状況をシミュレーションしながら話していけば、どんな話題が適切でないかはすぐにわかるでしょう。

ところが、意識しないでいると、自分が今思っていること、今しゃべりたいことを、相手の状況などお構いなしにしゃべってしまう人がいます。このような人は、わりと多いように思います。僕はそのことを「無意識の垂れ流し」と呼んでいます。もちろん、悪意があってのことではないでしょう。

しかし、いつも無意識の垂れ流しをしていては、知らないうちに聞き手もうんざりしてしまうし、はた迷惑です。そして、垂れ流すほうも周りの人たちに敬遠されるようになって

153

しまうでしょう。

「自分がしゃべった言葉が、相手にはどう聞こえているのか」——このシミュレーションがうまくできるようになったら、自分の言葉を正確に相手に届けるための話術の練習に入ればいいのです。まずは話している自分は相手にどのように受け止められているか、相手はうんざりしてしまっているのか、あるいは集中してこちらとの会話を楽しんでくれているのか、それを感じ取る訓練が必要でしょう。

ここまできたら、今度はそれを無意識でできるようになるまでやり続けましょう。というのも、相手によく思われようという姿勢を意識しているうちは、まだ中心からずれてしまっているからです。意識しているので、相手から何か言われると、すぐに自分の聞く姿勢がブレてしまいます。

中心をずらさないで聞くということは、意識していたこと全部を通り越して、ナチュラルにバランスよく聞けるようになることです。何があっても、自分本来の立場に立ち戻ることができます。

頭のいい人の会話は、話している途中でどんなに話題がそれていっても、本題に戻ることができるという特性をもっています。会話に脱線はつきものですが、それでも遠くに行ってしまった本題に、戻りたい時に戻れる人は、冷静な論理力をもっている人です。

 **相手によく思われることを意識して会話しない**

# CHAPTER-5

## 脳の整理術

# 脳HACK／61

# 脳は「情報を圧縮する」作用を もっている

　　コンピュータには今のところできず、人間だけに可能な素晴らしい能力があります。それは「情報を圧縮する」ことです。

　たとえばコカ・コーラのブランド・イメージを思い浮かべる時、私たちは今まで放映されてきたコマーシャルを全部頭の中で再現してから、新たにイメージをつくり上げているわけではありません。すでに脳の中にあるコカ・コーラに関する情報を総合した上で、それらを圧縮してでき上がるものなのです。

　コンピュータは膨大な量のコカ・コーラに関する情報を収集することはできますが、それらを圧縮して総合的なブランド・イメージをつくるということはできないのです。ある事柄について圧縮してイメージをつくるためには、不要なものを捨てて整理・整頓しなくてはなりません。人工知能でも、これは難しい。

　情報はたくさんありすぎると、かえって使いものになりません。むしろ信頼できる情報筋から、「この情報は重要です」と教えてもらったほうがはるかにわかりやすいでしょう。

　たとえばグーグルの検索欄に「日本」と入力すれば、膨大な量の日本に関する情報を引き出すことができます。けれどもそれらをすべて読んでも、日本についてのイメージをつかむことは簡単ではありません。細々した情報を読みすぎて、かえって日本という全体像をつかめなくなるかもしれません。それならばむしろ日本についてよく知っている知人から

教えてもらったほうがはるかに早く、効率よく日本に関するイメージをつかむことができます。

だからお金がある人、時間を節約したい人などは、自分で検索せず、優秀な人を使って調査してもらい、「この情報が重要です」と報告してもらうのです。気の遠くなるような量の情報をインターネットで検索するよりは、1枚の紙に要点を書きだしてもらったほうが手っ取り早いからです。

しかし、そんなことができるのは会社の重役か社長さんくらいのものです。われわれ普通の人間は、誰かを雇って調査してもらうほどお金に余裕があるわけではないので、自分で調べるしかありません。そこでグーグルやヤフーなどの検索エンジンが必要になるわけです。

たいていの人は、表示された順の上位から3つくらいまでのホームページしか見ていないといわれています。検索結果の2ページ目、3ページ目までを見る人などまずいないということです。ということは、インターネット上に情報はたくさんあるにもかかわらず、その中でみんなが使っている情報はごく一部だということです。

情報はただそこにあるだけでは意味がなく、絞り込んで使われることで初めて価値が生まれます。それは脳の中の情報も同じこと。ただ集めるだけでなく、圧縮されてこそ意味があるのです。

**情報は集めるだけでなく絞り込んでこそ価値がある**

# 脳HACK / 62

# 行動することで記憶をふるいにかける

漢字が書ける、英会話ができる——それらはすべて頭で記憶するというよりも、身体に染み込んでいる感覚です。つまり、漢字だったら手を使って書く、英会話だったら実際に話してみるといった行動を起こすことで、身体に染みついた記憶となります。

**不必要な記憶はふるいにかけられてこぼれ落ちていきますが、身体に染みついた記憶は、脳の中に定着していくのです。**

行動することで記憶をふるいにかけるのは、とても大事なことです。それは脳に、必要な記憶とそうでない記憶を選択させる作業だからです。また同時に、**記憶のリハーサル効果が期待できる**からです。

あることを記憶した時に、もう一度そのことを思い出すと記憶は定着しやすくなります。これがいわゆる復習です。

ただ、ここで述べるリハーサル効果は、復習とは少し違います。復習は、前に解いた問題をもう1回やることですが、リハーサルは単なる復習ではありません。復習を飛び越えて、一気に実地で応用していく方法です。

たとえば英単語を覚えてそれを定着させるために、もう一度暗唱してみるのが復習だとすれば、その作業をせずに、一気に英語で文章を書いたり、誰かと会話するのがリハーサルです。より生活に密着した自然な形で応用することで、より記憶への定着度を高めるのです。

「悪銭身につかず」ではありませんが、どんなに覚えようとしても、自然な形で応用した時に出てこない単語は、やはり身につかないもの。それが記憶をふるいにかけることであり、そうやってふるいから落ちた単語を無理に覚えようとする必要はないでしょう。

何かを覚えていること自体には価値がありません。実際に自分が行動する時に役に立つから、記憶や知識は価値があるのです。ならば、そのような自然な形でこそ、記憶の整理をしていくべきではないでしょうか。

僕自身の過去を20年くらい遡（さかのぼ）っても「記憶する」ことだけに時間をかけたことはありません。漢字を覚えるためだけに漢字検定を受けたり、英語習得のためだけにTOEICを受けたりはしていません。あくまで実際の行動を通して使うことで、語彙力を増やしてきました。現場で使うことで残っていくものだけが、自分にとっては意味がある記憶なのです。

記憶にも贅肉や脂肪はあります。実際に行動することで、余計な贅肉を落として、筋肉質の記憶をつくることが大切です。部屋の中にたくさんのものがあっても、普段よく使うものは限られています。どれだけ多くのものがあるかよりも、どれくらい必要なものが必要な場所に置いてあるか、ということのほうが日常生活では大切です。脳の記憶もそれと同じことです。

 **行動して記憶の脂肪をそぎ落とす**

# 脳HACK／63

# 忘れるためには、プロロングド・エクスポージャーが必須

　東日本大震災のような大きな自然災害が起こると、多くの人々がネガティブな感情に見舞われます。そのような時に、どうやって乗り越えるべきかという問題に直面すると思います。

　ここに、数年前インドネシア西部のスマトラ島沖で発生した地震についての研究があります。マグニチュード9.1という非常に大きな地震に遭遇した人々が、そこからどのように回復していったのかを研究したものです。その研究ではいろいろな手法が議論されていますが、その中のひとつにプロロングド・エクスポージャー（prolonged exposure）という方法が紹介されています。

　日本語に訳すと、プロロングドは「引き延ばされた」とか「延長された」という意味になり、エクスポージャーとは「露出」という意味になります。つまりプロロングド・エクスポージャーとは、「あえてその時のことを振り返ってみる」ということを意味します。

　僕は東日本大震災の被害に遭った子どもたちと、直接話をしたことがあります。その中のひとりで震災当時小学6年生だった男の子は、貴重な体験談を話してくれました。

　その男の子は地震が起こった時、おじいちゃん、おばあち

ゃんと3人で家にいたそうです。家からは海が見えないのですが、海の方角を見ていたおじいちゃんが「津波が来る！」と言ったので、着の身着のまま慌てて3人で高台を目指して逃げました。

家の裏山に行くと、そこは土砂崩れで道がふさがっていました。仕方がないので迂回(うかい)して、道なき道を草の根を分けながら、木の枝を杖の代わりにして必死になって山頂を目指したと言います。

途中でおばあちゃんは疲れてしまい、足が上がらなくなってしまいましたが、そのおばあちゃんの腰を後ろから押してあげながら山を登っている最中、ついに津波が押し寄せてきて腰まで水に浸かってしまったそうです。しかしようやく山頂に辿り着き、そこで焚火(たきび)をたいて濡れた服を乾かし、寒さをしのぎながら救助を待ったそうです。

男の子は事細かにその時の体験を話してくれましたが、まさにこのようにして自分の身に起こった辛い体験を人に語って振り返ることが、プロロングド・エクスポージャーなのです。

自分自身で過去を振り返ることで、心は癒やされ、ようやくその体験から離れることができるといわれています。忘れるためには、一度その体験を思い出し、向き合う作業が必要な時もあるのです。

 **POINT** 体験と向き合うことで忘れられる

# 脳HACK／64

# 体験を整理して初めて
# 過去から解放される

　僕の人生におけるネガティブな経験のひとつに、大学生の時の失恋があります。今でこそ笑いながら話すことができますが、当時は本当に苦しかったのです。というのも、彼女に振られてしまったことで、自分のこれまでの生き方が否定されてしまったように感じたからです。しかし今こうして人前で冗談めかして言えるということは、もうその痛手から立ち直った証拠です。

　僕はこの辛い体験から立ち直る過程で、彼女と僕の関係について何度も何度も考えました。「俺の何がいけなかったのか」「どうしてこんな結果になってしまったのか」と。そうやっていろいろと突き詰めていった結果、振られた当初はわからなかったことが次第に見えてくるようになりました。

　それはこういうことでした。彼女に会うまでの僕の生き方は、科学を追求したいという純粋な気持ちで占められていました。しかし彼女と話しているうちに、世の中を渡っていくためには科学だけでなく、社会性ももっていなければダメなのだと気づかされました。そもそも僕が彼女を好きになったのも、自分にはないそういう社会性を彼女が身につけており、そういう面も含めて魅力的に映ったからです。彼女は法学部の学生で、法律や実務に関することには詳しかったのです。

　結局は、科学を追求したいという僕の生き方と、彼女の生き方はあまりにも違うものであり、彼女は僕から離れていき

ました。それでも彼女とつき合ったことで、僕はそれまで自分が価値を置いてこなかった社会性や世間の価値観などを学ぶことができました。つまり、女性に振られるということは辛い体験ではありますが、自分の成長にとってそれは必要な過程だったのだと気づいたのです。

ネガティブな体験をした後は、辛い経験がもつ意味を理解することもなく、相手を恨んだり、自分が悲劇の主人公になってしまったように感じます。しかし時間が経ち冷静になった時に改めて当時の感情と向き合うことで、その体験の自分なりの意味を整理することができます。その作業を通じて、初めて本当の意味でネガティブな感情から解放されます。

たとえば親との関係がうまくいかないという人がいるならば、一度親と自分の関係を客観視する必要があります。物理的に親と離れることで見えてくることもあるでしょう。一度離れて、どうして親とうまくいかないのか、その原因を探ってみるのです。原因を探ることは、最初は心地よい作業ではありませんが、親とうまくいかずに悩んでいる自分から離れ、解決策を見つけることができるのです。

これは人間関係に限らず、災害に遭った時や、社会にうまく適合できない時などにも有効な方法です。その悩みの渦中にある自分から少し離れた視点で課題と向き合うことで、問題点や意味を理解し、ようやく問題から離れられるのです。

 **少し離れた視点で課題と向き合う**

# 脳HACK／65

# フォーカシングで
# 抑圧から解き放たれる

　　**自分の中にあるネガティブな感情を整理する方法のひとつにフォーカシングがあります。**これは臨床心理学の研究から生まれたもので、クライアントが自分の心に触れるための技法として提唱されました。

　具体的なやり方としては、まず胸の奥や腹の底など身体の中心部にぼんやりと注意を向けながら、気がかりなことを思い浮かべます。たとえば、自分が「嫌だな」と思っている職場の同僚などを思い浮かべてみるのです。次に、その「嫌だな」と思う感情にぴったりの言葉を探します。そこでぴったりした言葉を見つけられるだけでも、解放感が得られます。

　さらにフォーカシングを続ける場合は、何がそんなに気にかかるのか、その気にかかることの存在は自分とどのような関係があるのか、といったことを自分自身に対して問います。

　会社の同僚が嫌いだけど、彼の何がそんなに嫌いなのかがわからない。そのような場合は理由をよくよく考えてみるのです。ひょっとしたら、彼のほうが自分よりも先に出世しているから快く思えないのかもしれません。彼のほうが学歴が高く、そのことをとても気にしているのかもしれません。あるいは彼のほうが女子社員に人気があるからでしょうか。それとも上司に取り入るのがうまいからでしょうか。

　このようにして自分が彼を嫌ってしまう理由に注意を向けて、そこから浮かび上がってきたものが、実際のところ、自

分とどう関係があるのか考えます。

　仮に彼が女子社員に人気があることが、特に気にかかったとしましょう。

「自分にもいいところがあるのに、いつも女子社員は彼のところに行く」「なんだかいつも女性にモテていて、いい気になっていて気に食わない」。そういう場合は、特に集中してそこに注意を向けてみます。そうすると、過去にも同じような経験があったことに気づくかもしれません。たとえば小学生時代、いつもクラスの女の子に人気があった男の子がいた。彼がいるために、いつも自分は寂しい思いや悔しい思いをしていたな。そんなことを思い出すかもしれません。

　寂しい思いや悔しい思いをした過去の思い出は、自分にとって辛い記憶のため、普段の生活では抑圧して自分でもはっきりとは意識していません。ところがフォーカシングをすることで、あえてそのことに注意を向け、気づくことができました。その当時の寂しかった思い出を受け入れることで、頑なだった心が解きほぐされていくのです。

　**フォーカシングの基本的な考え方は、それまで苦しいがゆえに抑圧してきた無意識の感情を、あえて意識することで自分の心の領域に出すというものです。**辛い思いは抑圧しているよりは、意識の中に押し出してしまったほうが、そこから自由になれます。

　実例として、僕がフォーカシングをやったらどうなるのかをお話ししましょう。僕が最近気にかかっていることは、官僚的な言動に対して自分が批判的に見ていることです。そこで、なぜそれほどまでに官僚的なやり方を気にするのかを考

えてみます。

官僚主義を自分に引きつけてフォーカシングしてみると、あることが見えてきました。僕は大学で物理学を専攻していたのですが、学部を卒業した後に学部編入をして法学部に入りました。法学部の学生だった頃は、将来は官僚になろうかという気持ちもあったので、官僚とはどんな仕事を担うものなのか、どんなふうにしてキャリアを積んでいくのかといったことが書かれた本も熱心に読みました。

物理学から法律の世界に惹かれたのには、いくつかの理由がありました。高校生の時、物理が勉強したかった僕は東大の理Ⅰを志望していたのですが、それを聞いた担任の先生が、「将来性を考えるなら、文Ⅰ（法学部）か理Ⅲ（医学部）のほうがいいんじゃないか」とすすめました。中学生の時の恩師にも、「大学に入って物理をやりたいんです」と言うと、「物理をやるのか。でも食っていけないかもしれないから、教職くらいはとっておいたほうがいいぞ」と言われました。

そのような周囲の反応はありましたが、物理に進んだわけです。しかし、学部を卒業する頃、当時つき合っていた女の子が「科学者よりも、官僚になるような人がいい」と言った

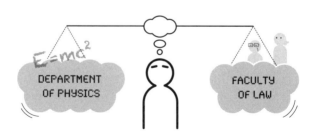

ことで、ついに僕の考えは揺らぎました。そして法学部に学士入学したのです。

もちろん、彼女に言われただけで法学部に学士入学したわけではありません。このまま物理を続けていても、何とか食べていけるだけの生活ができるかどうかわからず、法学部から官僚になるという約束されたエリートコースがうらやましい気持ちも自分の中にあったのです。でも入ってみてやはり法律の世界は自分に合わないと感じ、結局は大学院でまた元の物理に戻りました。

僕が官僚的な言動に反発する気持ちがあるのは、官僚的なやり方が日本をダメにしたからだと純粋に自分では思っていましたが、フォーカシングを通して、それ以外にも小さな理由が絡み合っているのが見えてきました。僕の官僚批判は、一度は官僚になろうとしたことがあるという、当時の官僚に対する自分の屈折した思いも関係しているのかもしれません。

もちろん、そのことに気づいたからといって、今の自分が思っている官僚的な言動に対する批判が消えることはありません。それは極めて正当な批判であると自分で思っているからです。しかし同時に、その背景には自分自身のいくつかの過去の経験も結びついているということを意識しているほうが、より自由になると思うのです。

## 無意識の感情をあえて意識する

# 脳HACK／66

# コンプレックスとは
# 複雑に絡み合った感情

　　フォーカシングをやることで、自分の中のコンプレックスが見えてきます。ここでいうコンプレックスとは、劣等感のことのみを指しているわけではありません。

　　コンプレックスというと、劣等感ばかりが強調されますが、本来は複雑に絡み合った感情が集まっている状態を指します。「コンプレックスをもっている」というのは、自分の中に絡まって解きほぐせない何かがあるということ。その絡み合った複雑な感情を、フォーカシングは解きほぐすことができるのです。

　　たとえば背の高い男の人が好きだけど、なかなかそういう人に巡り合えずにいる女性がいたとします。ここで問題になるのは、背が高い男の人を好きだという好みはそれほど重要ではないということです。それよりも、なぜ背の高い男の人に惹かれてしまうのかを深く掘り起こせるかどうかです。

　　もしかしたら、自分自身の背が低いので、つい背の高い人を求めてしまうのかもしれないと気づいたとします。しかしながら、その分析では足りません。というのも、彼女と同じように背が低い女性が、必ずしも背が高い男の人を求めているわけではないからです。そうなると、自分の背が低いという以外のところに、何か本当の理由がありそうです。

　　そこで再度、なぜ自分はそんなに背が高い人にこだわるのかを考えてみましょう。おそらく過去に背が低くて嫌だった

エピソードや、それに類する出来事があるはずです。このようにしてフォーカシングは、より細部にわたり原因を深めていくことができます。

**コンプレックスにとらわれた状態とは、それだけ人生の選択肢が減ることを意味します。**先ほどの女性の例でいうと、「背の高い男の人がいい」という思いにとらわれると、もしかしたら彼女の周りには、背は低いけれど、彼女ととても気が合う男性がいるかもしれないのに、彼女が恋愛対象＝背の高い男性のみと考えている以上、その男性は彼女の恋愛対象には入ってきません。

だからこそ、フォーカシングが必要なのです。本当に自分は背の高い男性でなければならないのか、そう思う理由は何なのかを考えることで、自分の可能性を狭めている原因を突き止めるのです。

フォーカシングをしても、その人の無意識に沈んでいた記憶は消えることはありません。しかしたとえ過去の記憶は消えなくても、それを意識化することで、現在の自分の思考を変えることはできます。自分の過去と現在、未来の関係性が、フォーカシングによって変化していくのです。ネガティブな経験も、心の奥底に沈み込んでいたコンプレックスも、フォーカシングをすることで、ポジティブな経験に変えることができるのです。

## コンプレックスを
## ポジティブな経験に置き換える

# 脳HACK／67

# フォーカシングは「解決」ではなく心のメンテナンスのみ

　フォーカシングをする際の入り口は、気にかかっていることに自分の意識をフォーカスすることでした。その時に注意しなければいけないのは、ネガティブな思考のスパイラルに陥らないことです。

　たとえば過去の言動を思いだす時に、「あの時、あんなことをしなければ良かった」「なんであんなことを言っちゃったんだろう」と反省する気分になってしまうかもしれません。しかしそれが行きすぎると、人によっては自分を静かに見つめるよりも、自分の言動を責める方向に向かってしまい、ネガティブな思考から抜け出せなくなってしまいます。

　プロが行うカウンセリングは、心の中で閉ざされていた秘密を解き明かすことで症状を改善することを目的としています。しかしフォーカシングの目的は、心の中にある秘密を解き明かして、何か問題を具体的に解決するといった類のものではありません。フォーカシングの目的は、こんがらがってしまったものを解きほぐすだけ。そこには特定の症状改善などの目的はなく、強いて言えば心のメンテナンスを目的としているものなのです。

　では問題が改善しないのであれば、フォーカシングはあまり役に立つものではないのでしょうか。いいえ、そんなことはありません。自分の心の中で気にかかっていることは、掘り起こせば無数にあり、表に出てくるのはほんの氷山の一角

です。それほど無数にあるものの中には、もしかしたらカウンセリングなどの手法を使って分析、解決すべきものもあるかもしれません。実際に現在の生活にも影響しているような問題があるならば、そうすべきでしょう。

しかし多くの気がかりの中には、答えのない問題もあります。別にそれを解決しなくても、日常生活を送るのに支障はない。けれども過去あっての現在です。現在の自分の思考に、過去の引っ掛かりは確実に影響を与えています。

フォーカシングは、それらの答えのない問いを整理して、散らかっている脳の中をスリムでしなやかなものに変えてくれるのです。

心の中の引っかかりが整理できていない人は、自分でもどのような感情が脳の記憶の中に隠れているのかわからないので、時としてその散らかった状態のものを他人にぶつけてしまうことがあります。それがよく言われる「面倒くさい人間」である可能性も高いのです。

自分でも整理できていない感情を、何の前触れもなく他人に投げつけてしまう人。当然、投げつけられた相手も、どうして今この瞬間にこの人がそういうことを言ったのか理解できないので、次第にその人を敬遠するようになります。

自分の心のメンテナンスをすることで、他人との関係性においても気遣いをすることができる。それがフォーカシングの効力なのです。

**POINT  心のメンテナンスで気遣いできるようになる**

# 脳HACK／68

# 緊張する人は、
# 脳が健全に働いている

　脳科学を研究しているといろいろな質問を受けますが、「どうすれば緊張しないようになるでしょうか」というものが目立ちます。それはつまり、世の中には緊張する人が非常に多いということの表れです。

　では、なぜ人は緊張するのでしょうか。脳科学的に説明しますと、「緊張している」という状態は、その場で自分が何を求められているのか、そしてどのようなパフォーマンスをしなければならないのかがわかっているということなのです。これは脳が健全に働いている証拠です。

　もし、これまでほとんど人前で話したことがないのに、いきなり多数の聴衆の面前で話さなくてはならなくなった人が、まったく緊張しなかった、ということにでもなれば、それは健全な脳の状態とはいえません。まずは、緊張とは脳が健全に働いている証拠だということを知っておいてください。

　では次に、自分が何度もそのような場面を経験しているのに、相変わらずいつも緊張するという場合はどうでしょう。

**心理学者のチクセントミハイのフロー理論（自分がその時していることに、完全にのめり込んで集中している精神状態のこと）によれば、自分に与えられた課題と自分がもっているスキルが一致していれば、その人は緊張せずにリラックスできるフロー状態になります。逆に緊張するということは、**

**自分がもっているスキルよりも上のことを要求されていることがわかっているからなる状態**なのです。つまり試験で緊張してしまうのは、そのテストに対してきちんと自分が準備してこなかったということを自分でもわかっているからです。

与えられた課題に、自分が答えられるスキルをもっていない。その自覚が緊張となって表れるのです。もしどんな問題でも解けるくらいに十分に勉強していれば、緊張することなくフロー状態で解けてしまうはずなのですから。

緊張状態が、脳が健全に働いている結果だと考えれば、緊張すること自体は悪いことではないことがおわかりになると思います。緊張するのは、ひとつの才能の表れです。

これも強調しておきたいことなのですが、最初から緊張しない人よりも、緊張する人のほうが、それを乗り越えた時に大化けする可能性が高いのです。落語家やスポーツ選手、楽器の奏者でも何でも同じですが、最初からリラックスしてできたよ、という人よりは、散々に緊張して、それでもそれを克服した人のほうが、大成することが多いのです。

とはいえ、緊張した状態では本来の実力が発揮されないことも確かです。したがって、本番に臨むにあたってやっておかなければならないのは、スキルのレベルをあげることしかありません。つまり普段から技や知識を磨き、経験を積んでおくこと。そうすれば、脳が自然にフロー状態となり、リラックスして本番に臨めるようになるでしょう。

 **スキルを磨けば脳がフロー状態になる**

# 脳HACK／69

# マッスル・コンフュージョン
# 理論を思考法に応用する

　僕は腕立て伏せをする時に、マッスル・コンフュージョン理論に基づいてやっています。**マッスル・コンフュージョンとは、筋肉に次の行動を予想させないことを目的としてトレーニングする方法**です。たとえば腕立て伏せの場合だと、最初の10回は普通にやって、そのあとに右手だけで何回かやって、次は左手でやってみるというものです。このように毎回異なるプログラムを行うことで、筋肉の違う部位を使用し、より筋肉を鍛えることができます。

　人間の身体は、同じスポーツや同じエクササイズばかりを行っていると、身体がその動きに慣れてしまい、筋肉をさほど使わなくてもできるようになってしまうのです。そうなると、せっかく運動しているのに燃やせるカロリーはどんどん減っていき、トレーニングの効果はあがらなくなっていきます。

　その点、毎回異なるトレーニングをすると、普段使われていない筋肉が使われることで、より多くのカロリーを消費できます。さらに、いつも同じようなトレーニングを行うことからくる倦怠感も解消されて、飽きずにトレーニングを続けることができるというメリットもあります。

　マッスル・コンフュージョンは筋力トレーニングを積む時に有効な方法ですが、それを思考法に応用すれば、脳のエクササイズとしても利用することができます。いつもの自分の

慣れ切った発想法ではなく、とっさに予期せぬことを考える訓練をするのです。

　人が緊張するのは、その後の展開をある程度予想してしまうからで、その後の予想ができなければ緊張もしないはずです。

「明日の予定はこう」「1週間後の今日は、私はこれをしている」「1年後の私はこうなっているだろう」――このような予想は時に緊張に結びつきます。なぜなら、そうやって未来をいつも予定しているということは、同時に「本当にそうなるだろうか」「私はそれを成し遂げられるだろうか」といつも気をつけていなければならないからです。自分自身の課題に、自分のスキルがきちんと追いついているかどうか、その間に常に葛藤してしまうからです。

　自分の身に何が起こるかを予想しすぎないほうが、人生は緊張せずにリラックスして生きられます。

「私は、1年後はこうしている」と用意していても、その予想通りに未来が動くとは限りません。その予想外のことが起こった時に、頭の中が真っ白になって動けなくならないように、「人生には予期せぬ事態が起こりうる」ということに脳を慣らしておくべきです。未来について確固たる準備ができない以上、本来は緊張のしようもないわけですから。

 **予期せぬ事態に対処できるようにする**

# 脳HACK／70

# 身についたことは
# 意識しなくなる

　フランスの哲学者アンリ・ベルクソンは、「自分の身についたことは、もはや意識する必要はない」という言葉を残しています。

　**思考でも行動でも知識でもそうなのですが、意識して行っている限り、それは本当にその人の身についたものとはなっていません。**もし完全に自分のものになっているのであれば、自分が意識しなくても自然と出てくるはずだからです。

　たとえば英語が苦手な人が英語をしゃべろうとする時は、一生懸命しゃべりながらも、つい「○○って英語で何て言うんだっけ？」とか「○○って日本語にするとどんな意味だろう？」と意識しながら会話を進めてしまいます。これは本当の意味では英語が身についていない証拠です。

　一方、英語をマスターした人にとっては、英語が話せるということはあまりにも当たり前のことなので、今、自分が英語を話しているという感覚さえありません。おそらく、その人に英語をどうやってしゃべっているのか尋ねても、「そんなこと、今さら聞かれても忘れてしまったよ。ただしゃべれるんだ」と答えるでしょう。

　外国語学習の初歩は文法から入るのがほとんどでしょうが、ある程度できるようになってくると、最初に習った細かい文法知識は忘れてしまいます。しかしそれは失われるのではなく、単に意識されなくなるだけのこと。授業で習うよう

な細かい文法用語は忘れてしまっても、本当にその語学を習得したのであれば、意識せずとも会話はできるようになります。

これは母国語に置き換えてみればわかりやすいかもしれません。僕たちにとって母国語とは日本語のことですが、日本語がペラペラしゃべれるとしても、外国人から「日本語ってどうやってしゃべるの？」「日本語の文法を教えて」と言われたら、きっと答えに窮（きゅう）するでしょう。

なぜなら僕たちにとって日本語は自然に身につけたものであって、意識して覚えたものではないからです。僕たちは日本語で読んだり書いたりしゃべったりすることができますが、それでもよほど日本語教授法を勉強した人でない限り、日本語の文法を事細かに説明するのは難しいでしょう。それは日本語が僕たちにとっては頭に蓄えた知識ではなく、身体に染み込んだ知識だからです。

**本当に身についたものは忘れてしまうのです。覚えていることを忘れても、それができる。それが本当に「できる」ということであり、忘れるということは、つまり覚えたことがすでに脳の中に整理されているということなのです。**

覚えたことはすでに
脳の中で整理されている

# 脳HACK／71

# 人見知りは、新しいものだと脳が判別している証

　人見知りとは、脳科学的にいうと非常に高度な判別能力の表れといえます。**人は自分が今まで出会ったことがないものに出会うと、脳の前頭葉にある回路が活性化して、新しいものとそうでないものを判別します。**子どもは大人よりも経験が少ないぶん、自分にとって新しいものが多いので、判別する能力も強いわけです。一般的に子どものほうが大人よりも人見知りが激しいものですが、それは高度な判別能力を子どもが一生懸命駆使しているから。この相手は自分にとって危険な存在か、それとも安全な存在か。生物にとってその判断をすることは、とても大切なことだからです。

　人見知りは、人への反応だけではありません。たとえば自分が知らない分野の話をされると、「難しいな……」という拒絶反応が働くかもしれません。難しいと思うのは、脳が「これは自分にとって新しいものだ」と判別しているからです。ただ、新しいものとは学びのチャンスであると同時に、「自分にはわからない」という感覚は、恐怖を伴うものです。しかし、「人見知り」を乗り越えた時こそ、人は学ぶ意欲を感じます。

　たとえば、外国人に対して日本人のほとんどが「人見知り」をしています。英語でしゃべるという状況は慣れていないものなので、自然と拒絶反応を示してしまうのです。しかし、場慣れすることで少しずつ「人見知り」は薄れていきます。

その時にこそ、英語をもっと学ぼうという意欲が湧いてくるのです。

人見知りを乗り越えるためには、どうすればいいのでしょうか。僕は子どもに学ぶべきだと思います。子どもは人見知りが激しい反面、仲良くなるまでの時間も短いのです。

では、子どもはどのように知らない人と仲良くなっていくのでしょうか。まずは知らない人のことをじっくり観察しています。子どもなりに、この事態に対処する策を練っているのです。大人もこれを見習って、無理やり最初から話すよりも、少し離れたところから相手を観察してみるといいでしょう。しばらく観察してみれば、相手がどういう人かだいたいわかります。相手のことがわかったら、あまり余計なことは考えずに話しかけてみましょう。

今、日本人全体が外国に対して「人見知り」しているような状態だといえます。海外の大学に行く人も減っていて、全体的に海外に進出しようという機運がありません。私たちは、子どもがもっている新しいものに対する適応力から学ぶべきです。相手を観察してから親しみをもち、そして行動に移すという一連の流れをうまくつなげていけばいいのです。おそらく、人間が大きな成功を収める秘訣は、大人になって経験を積んでもどこかに子どもっぽさを残すことなのではないでしょうか。

**人見知りを乗り越えた時、
学ぶ意欲が生まれる**

# 脳HACK／72

# 脳はひとつのことばかり
# 考えていると疲れてしまう

　脳はひとつのことばかり考え続けていると次第に疲れてきます。長時間、ルーティンの仕事ばかりしていると、次第に思考能力が低下してくることは、みなさんも日常生活ですでに経験済みでしょう。

　**ひとつのことばかり考えていると、脳が同じ回路ばかり使うので疲れてきて正常に働かなくなる**のです。その時に頭をパッと切り替えて、他の行動をしてみて、再び同じ作業に戻ってみると、以前とは異なる視点で物事を考えられるようになります。

　**神経細胞は、ある刺激を与えると1回目は目覚ましく活動するものの、2回目以降は活動量がどんどん低下していく**という性質をもっています。これを馴化（ハビチュエーション）と呼びます。ずっと同じことを考えたり悩んだりしていても、いいアイディアが浮かんでこないというのは、この馴化のせいなのです。

　ただ、難しいのは、実際には自分が今やっていることに対してどれくらい疲れているのか、どれくらい飽きてしまっているのか、自分ではなかなか気づかないということです。本当はもう脳が疲れてしまって生産性もあがっていないのに、それでも机にしがみついて、延々と残業していることはありませんか。

　自分がどれくらい疲れているかといった「心の状態」に気

づくためには、メタ認知（自分の思考や行動を客観的に見ること）をする必要があります。メタ認知の回路を使って自分で自分の状態をモニターして、「このままでは煮詰まってしまうな」とか「だいぶ疲れているな」と薄々気づいたら、「じゃあ、ちょっと走ってこよう」「ちょっとシャワーを浴びてこよう」という行動に移すタイミングがわかります。もしかしたら「今日はもう仕事仕舞いして、明日またクリアな頭で考えよう」という結論になるかもしれません。

いずれにせよ、今の自分の心の状態をメタ認知で気づき、仕事に区切りをつけることで、脳の馴化を防ぐことが必要です。

多くの人が、本当はもう自分が煮詰まった状態にあることに気づきながらも、「もう少し切りのいいところまで」と仕事を続けようとしがちですが、いつまで続けても思うように作業は進みません。それよりも、疲れていることに気づくほうが、良い結果をもたらしてくれるのです。

 **神経細胞は、ある刺激に対して2回目以降は活動量が減る**

# 脳HACK／73

# 単純作業で
# 悩みを忘れる

　過去のことを忘れたいのに、なかなかそれができない人は、実は忘れたい記憶にばかり注意を向けてしまっているからです。

　本当は忘れたいのに、気がつくといつもそのことばかり考えてしまっている。しかし、そうやって思い出せば思い出すほど、その記憶の回路は強化されるので、ますます記憶の定着度を高めてしまいます。

　それを思い出さないためには、別のポジティブ回路をつくればいいのですが、頭の中で「今、何を考えるべきか」といったことは、なかなか意識ではコントロールできないのも確かです。だから放っておくと、「忘れたい」と思っていることを、つい無意識のうちに脳が勝手に考えてしまうのです。

　脳の中で記憶を蓄積している側頭連合野には、その人の様々な記憶が蓄えられています。小学生時代の記憶Ａ、中学生時代の記憶Ｂ、１年前の記憶Ｒ、半年前の……と。僕たちはその中から、この記憶、あの記憶と引き出すことで過去を思い出しているのです。

　ところが、もしその中の記憶Ｄ（仮に失恋の記憶）ばかりが毎日毎日引き出されていたらどうでしょう。まさしく脳を活かす勉強法のメカニズムに他なりませんが、その記憶の定着はより強固なものとなります。他の記憶も同様に引き出していれば問題ありませんが、失恋したというその記憶ばかり

を毎日繰り返し引き出しているようでは、それは忘れようと思っても忘れられるものではありません。

そうならないためには、ほかに熱中するものをもつことがベストな方法です。それが「忘れたい」記憶を忘れるための近道です。

世の中には、いつも頭の切り替えが早くて、何かに失敗しても、すぐに「じゃあ、次はこれ」というように別のことを始められる人がいます。実はこういう人は、過去のいやな記憶を忘れることも早いのです。

脳の仕組みをもう少し細かく説明しましょう。記憶はまず大脳皮質にある側頭連合野に蓄えられますが、それが前頭前野に伝えられることで引き出され、前頭前野にあるワーキングメモリの中に蓄えられます。

**「忘れる」とは、痕跡としての記憶は側頭連合野に残っているものの、前頭前野のワーキングメモリからは消去されている状態をいいます。**記憶は脳の中から完全に消すことはできないのですが、ワーキングメモリに残っていなければ、思い出すことはめったにありません。つまり忘れるためには、脳から消去させなくても、少なくともこのワーキングメモリからは消去させる必要があります。そのためには、そのことを思い出す回数を減らしていくしかありません。そのために、他に没入することをもつ必要があるのです。

それでは、「自分は頭を切り替えるのが得意ではない」という人はどうしたらいいでしょう。

これにはちょっとしたコツがあります。それは無理に頭で切り替えようとするのではなく、具体的な課題に取り組むこ

とです。つまり**掃除をしたり、食器を洗ったり、シャワーを浴びたり、ランニングしたりといった身体を動かす単純な作業をすることで、同時に頭の切り替えも行ってしまうのです。**

今挙げたような単純作業のいいところは、一瞬でその作業に入り込みやすく集中できるため、余計な記憶がワーキングメモリの中に入っていく余地がなくなるところです。

また、身体を動かしての作業に集中することは、「今、ここ」で生きることにもなります。その意味ではまさしく、子どもたちは「今、ここ」で生きる存在に他なりません。彼らが常に今を生きているのも、大人に比べると過去の体験としての積み重ねがあまりなく、目の前にあるこの瞬間こそがすべてだと感じられるからです。

一方で、ひとつのことにとらわれてくよくよと悩んでいる状態は、「今、ここ」ではなく、記憶というシステムに乗っ取られてしまっています。記憶に乗っ取られそうになったら、すぐさま行動に移すことが大切なのです。

## 掃除、食器洗いなどで頭を切り替える

# CHAPTER-6

## 読む・書く・情報収集

# 脳HACK／74

# 難易度の高い文章で「コンセプト脳」を養う

「コンセプト」と「ディテール」を鍛えていくためには、読書は欠かせません。なぜなら、文章を読むことで深い論理力となる「コンセプト」が生み出され、また同時に、豊かな表現力としての「ディテール」が磨かれていくからです。

読書に関して僕が一貫して思っているのは、「本は難易度を考えて選ばないほうがいい」というものです。この**難易度の高い文章を読むことは、全体の森を見る能力という視点でとらえれば「コンセプト脳」にあたります。**

難しい本を読んだほうがよいというと、多くの人はスマホを見て時間を過ごしたほうが有意義だ、と考えるかもしれません。実際にインターネットなどのメディアの発達で、脳の使い方や思考パターンが変わってしまうのではないか、と訊かれることもあります。

しかし、僕は「大丈夫です。そもそもわれわれの脳は、言葉を手に入れたことで、その使い方が劇的に変わってしまったのですから」と答えます。言葉を獲得したことで、脳は新しい活動モードを得ました。言葉を通してお互いの脳の中にある情報を交換することで、文明は進歩してきたのです。

読書も同じです。紙の上に並んだ言葉を、夢中になって見つめる。その言葉の羅列が、深く人の心に根ざすような組み合わせであればあるほど、読む側も深く意識を潜らせて読まなければなりません。単に表層的な字面を追うのではなく、

深く味わう。そうして初めて深い論理力が磨かれていくのです。

江戸時代から明治の初期までの私塾や藩校での教育は、『論語』や『詩経』などの漢文の素読をさせていました。年端も行かない子どもにとって、漢文を素読することは難易度としては相当高かったと思います。

このように、難易度を無視した教育をすることによってしか身につかないものというのは、たしかにあります。翻って、今の読者は、自分にはこれは難しいからと言って最初から難易度の高い本に手を出さない人が多いようです。それは非常にもったいないことだと思います。

読書とは、本格的なものに触れることが大事であって、100パーセント意味がわかる必要はありません。言い換えれば、文章という森の中の1本1本の木についての詳細（ディテール）はすべて把握しなくてもいいのです。そこが「言葉」というものの特質でもあり、意味がわからなくても読めてしまう。つまり、言語はあるレベルに達しないとその意味が伝わらないというものではないのです。

それは、子どもが言葉を覚える時に、「この子はまだ5歳だから、私たちの会話は3000ワードだけで済ませよう」ということを周りが考慮してしゃべっていないのと同様です。子どもはわからない単語はわからないなりに推察できるし、ニュアンスや表情で多くの情報を理解するものです。

 **読書は意味が100％わからなくてもよい**

# 脳HACK／75

## 子ども時代の読書体験が「ディテール脳」を鍛える

　書物という森に生えている1本1本の「木」を育てていくためにはどのように本を読めばよいか、ということについて考えていきます。ここでの「木」を育てるとは、全体の森を見る能力が「コンセプト脳」であるのに対して、「ディテール脳」を鍛えることをいいます。

　「ディテール脳」は、何かをやり続けることで発達していくものです。つまり、**ディテール脳を育てていく読書法の根幹は、読書する体験に熱中し、それを続けていくことなのです。**

　僕は子どもの頃から本の虫でした。おそらく、子ども時代の読書体験がなければ、僕は脳科学者にはなっていなかったでしょう。現在のように本や雑誌の記事を書く仕事をいただいたり、講演会をするようなこともなかったでしょう。今ある自分を形づくってくれたのは、これまで読んできた本の中にこそあるのだと思っています。

　しかし、記憶に残っている一番古い本との関わりは、本を読むという行為よりも、本をおもちゃとして利用するという、本の役割としては極めて邪道な扱い方から出発しました。

　僕が5歳くらいの時です。近所に住んでいた友だちと、僕のふたつ違いの妹の3人で、「ヘンゼルとグレーテル」ごっこをよくやっていました。まず、絵本を積み重ねていって、魔法使いのおばあさんの家をつくる。おばあさん役の人が「どれどれ、もう焼けたかな」と言ってかまどをのぞき込む真似

をすると、残りのふたりでおばあさん役の人を後ろからドーンと押すのです。そうすると、魔法使いが「あ〜っ！」と叫んでかまどの中に落ちてしまい、絵本の家はガラガラと音を立てて崩壊する、というものです。その遊びを何度も繰り返しやっては、そのたびにみんなで大笑いしていたものでした。

本来の本の役割としては間違っていましたが、今でも思い返すたびに楽しくなる思い出のひとつです。

わが家には、本がたくさんありました。うちの母親は「勉強しなさい」と僕に言ったことは一度もなく、その意味ではいわゆる教育ママではありませんでした。しかし、それ以上のことをたくさん僕にしてくれました。

蝶が好きだと言えば、近所に住む蝶に詳しいお兄さんに引き合わせて一緒に森に行けるようにしてくれたり、蝶の研究の第一人者といわれた大学の先生のところに、当時小学生だった僕を連れて行ってくれたりしました。先生もよく会ってくれたものだと思いますが、当時未発見とされていた蝶を、「まだ発表前だから内緒だよ」と言って見せてくださり、子どもだった僕は、「えらい先生なのに、とても親切だなぁ」と感動したものです。おそらくその時の体験が、その後僕が研究者を目指すにあたって、根底のところで影響しているのかもしれません。

母は学校の成績のことは直接口にしませんでしたが、このように興味のある分野の人と会わせてくれて、僕の好奇心を上手に引き出し伸ばしてくれました。

当時の本の中でも特に印象に残っているのは、『なぜなぜ理科学習漫画』（集英社）というシリーズ本です。全巻もっ

ていましたが、今考えてみても、当時の学習漫画は優れていたと思います。扱うテーマも原子力など高度な問題もとりあげ、今だったら漫画のキャラクターでごまかしているような箇所も、当時はとてもストレートでした。小学校にあがるまでにはほとんど読破し、「将来、科学者になろう」と思うきっかけとなった本のひとつです。

　小学校に入ってからは、古田足日さんの『大きい１年生と小さな２年生』や、佐藤さとるさんの『だれも知らない小さな国』などを夢中で読みました。

『大きい１年生と小さな２年生』は、体の大きな１年生の男の子と小さな２年生の女の子が、ホタルブクロの花をとりに行く小さな冒険の旅を描いたヒューマニズム溢れるお話です。ふたりの心の交流の機微が見事に表現されていて、心が動かされ、子ども心にも与えられた影響は大きいものでした。

『だれも知らない小さな国』はファンタジーの定番ともいえる本で、小さな人（コロボックル）が登場していることに、なんともいえぬ不思議さを感じました。自分の日常の近くに異なる世界が広がっている、という暗示を得た気がします。

　この時期に読んだ本によって、僕は本の魅力を発見しました。それは、「今、ここ」の生活から、本を読むことによって、瞬時に別世界に行けることの魅力です。たとえば今自分が21世紀の東京にいても、ドイツの叙事詩『ニーベルンゲンの歌』を読み始めたら、瞬時に中世のドイツに飛んでいけるのです。飛ぶというよりはむしろ潜るという感覚に近いかもしれません。海底に深く潜っていくような感覚で、本の世界に引き込まれていくのです。

そんな僕が本格的に読書に目覚めたのは、小学校3年生くらいからです。その頃はSF小説に凝っていて、学校の図書館で何十冊も借りて読んでいた記憶があります。

　小学校高学年になると、父の本棚から勝手に本を引っぱり出しては読みふけるようになりました。ソルジェニーツィンの『イワン・デニーソヴィチの一日』、スタンダールの『赤と黒』、エンゲルスの『家族・私有財産・国家の起源』、夏目漱石やマルクスなど。

　それと並行して学校の図書館もよく利用しました。なるべく厚めの本を借りてきては、休みの日に朝から晩まで一日中読みふけるのです。

　読み終えた時には、マラソンを完走したような感覚で息切れがしましたが、充実感もひとしおでした。

## 読書体験は、瞬時に別世界に連れて行ってくれる

## 脳HACK／76

# 「自分自身を映す鏡」を見つけ、認識と行動を一致させる

　ある作品に対する世間の評価と、自分の中での評価は、必ずしも一致する必要はありません。「どうしてその作家に惹かれるのか」ということは、自分自身を映す鏡です。

　僕は子どもの頃、夏目漱石やドストエフスキーを読んで、「こういう作品を書く人は、どういう人なんだろう」と強烈に興味をもちました。同時に、漱石やドストエフスキーに惹かれる自分とは、どういう人間なのかということにも興味を覚えました。

　何かに出合った時に、心が大きく揺さぶられる時と、そうでない時の違いはどこにあるのか。「どこで自分の心が動くのか」という問題は、自分自身を知るための鍵となります。

　読書をする際、世間的な評価を気にして「この人は偉大な作家ということになっているから、きっと優れた作品なのだろう」と思う必要はありません。それよりも、自分が今この作品にどれくらい惹かれているか、ということに耳を澄ませるべきなのです。

　たとえば、僕が魅了される人に共通しているのは「厳しさ」や「覚悟」をもっていることです。これは文学作品に限りません。黒澤明監督の映画に『わが青春に悔なし』という作品があります。京大事件と第二次大戦中に発覚したゾルゲ・スパイ事件をモデルにした作品で、原節子がヒロインを演じています。原節子といえば小津安二郎監督作品で有名ですが、

この作品は小津映画に出演する以前のものです。その映画の中での原節子は、非常に激しい気性の人として厳しく描かれており、世評も非常に高い作品でした。

しかし、原節子の内面の激しさを描いているのは、一見穏やかそうに見える小津作品のほうではないかと思います。黒澤作品が素晴らしいことは確かですが、どこかつくられた世界という気がして、小津作品ほどには僕はのめり込めませんでした。

誤解のないようにいいますが、黒澤作品がよくないといっているのではありません。あくまで自分の目にその作品がどう映ったのか、自分自身の心がどこで動くのかを述べたにすぎません。「黒澤作品にはそれほど心が動かないけれど、小津作品には動く」というのは、僕という人間を映す鏡なのだと思います。

では、そのような心を動かす、自らの情熱を萌芽させる作品とはどのように出合うことができるのでしょうか。情熱とは、何かこの上なく具体的なものとの出合いによって、生まれるものだと僕は思っています。子どもの頃、自然を愛することを学びましたが、抽象的な概念としての「自然」に憧れたのではありません。蝶という具体的な生きものの生態が心に刻まれたからです。

また、僕は「科学者」という抽象的な存在になろうと思ったわけではなく、小学校5年生の時に伝記を読んで、アルベルト・アインシュタインの生涯と事蹟に「感染」したのです。

同じことが読書にもいえます。僕は「小説」に興味があるのではなく、夏目漱石などの特定の作家たちの、自分が愛し

てやまない作品に惹かれたのです。自分をぐいぐい惹きつける——そんな具体的な明星を必死に探し、見つけたら一生かじりつく。それが認識と行動を一致させる道だと僕は思っています。

では、小説家としての漱石のどこに惹かれるかと問われたら、僕は「覚悟に対する感性」だと答えるでしょう。

以前、漱石の孫の半藤末利子さんにお目にかかった時に、孫として漱石の一番好きなところは、権力に阿らなかったことだとおっしゃっていました。名誉と将来を約束されていた東京帝国大学教授の職をオファーされながらも、当時の「ベンチャー企業」であった朝日新聞社に入社し、その後も文学博士号を辞退するなど、世間の常識では栄誉と思われていたことを回避して人生を歩みました。文学博士といえば、「末は博士か大臣か」という言葉があるくらい、当時でいえば大変名誉あるものでした。

当時の総理大臣の西園寺公望から、文士を集めた宴の招待を受けた際も、「時鳥厠半ばに出かねたり」(ホトトギスがいい声で鳴いているけれど、厠で用を足している最中だから出ていかれない)の一句を添えて断ったというくらい、漱石は徹底して権威を嫌い、権力に阿らない生き方を貫きました。そこには、権威や権力を得ることのむなしさを悟ってしまった人だからこそもつことのできる「覚悟」があったように思います。

漱石の覚悟から現代に生きる僕が学んだことは、権力に阿らないと同時に、大衆迎合主義(ポピュリズム)に流されないことです。

現在は、あらゆる文化が瀕死の状態です。ポピュリズムに阿るばかりでは本当の文化はつくれません。文化をつくるということは、何ものにも寄りかからないことです。それをもっとも美しい形で示しているのが漱石なのです。

　権力やポピュリズムに受け入れられることを第一目標として寄りかかったが最後、できあがる作品の質は一気に落ちてしまうといえるでしょう。

## 自分の魂を揺さぶる具体を見つける

# 脳HACK／77

# 書くスピードに近い速さで読む
## ──「ディテール脳」を育てる

　文章には音楽と同じようにリズムがあります。音楽があるテンポで演奏されなければ音楽として聞こえないように、読書もしかるべきスピードで読まないと知識として脳に入ってこないのです。

　しかし、僕は「速読法」という読書方法をあまり評価していません。夏目漱石の『坊っちゃん』を10分程度でパッパッと読んでしまったら、脳の中で行われる情報処理としては浅いものにならざるを得ません。『坊っちゃん』には、その作品を味わうのに最低限必要な時間があります。たとえば2時間かけて読んだとしたら、2時間ぶんの音楽が鳴り響いて、そのぶん深い情報処理が行われるのです。

　僕が大学院生の頃、小説家でドイツ文学者の柴田翔先生が受けもっておられたドイツ文学の講義を受講しました。その講義では、ゲーテの『ファウスト』第二部の第一幕から第二幕を中心に、ドイツ語の原文で1年間かけて読みました。

　その時の体験は、自分にとって衝撃的なものでした。ただ読むだけならばそれほど長い時間がかからない文章でも、じっくりと丹念に読み込むことで、初めて理解できることがたくさんあることに気づいたからです。

　脳にとって、体験を伴う「時間」は重要な要素です。速読することによって、ある量の情報を脳にダウンロードするこ

とはできますが、脳のＡ地点からＢ地点に情報が伝わるのに要する時間は変わりません。本を読むことは速くできても、読んだ内容を脳が処理するのにかかる時間は変わらないのです。脳の中ではどうしても、１分なら１分かけないとできないことが存在します。

　要するに、速読によって情報は得られるかもしれませんが、読書によって立ちあがるかもしれなかった脳の中の別のプロセスは立ちあがらない。よく**「行間を読む」**といいますが、**文字と文字との間に刻印されたディテールを感じとるのも、脳にとっての貴重な体験なのです。**

　では、実際のところどれくらいのスピードで読めばよいのでしょうか。脳科学的には、まだそのことを研究した事例はないのですが、**「書くスピードに近い速さで読む」**ことが、ひとつの標準ではないかと思っています。

　たとえば会話の場合、僕たちは相手が話しているのをリアルタイムで聞きながら、それに対するレスポンスを同時にしていることになります。つまり、「聞く」という認識と「話す」という行為が同じテンポでなされているということです。「読む」行為もそれと同様に、自分が文章を「書く」のに要する時間と同じくらいのタイムスケールで読む、というのが理想的なのです。

　では、なかなか読書の時間がもてない、あるいは最初の数ページを読んだだけでなかなか前に進まないという人は、どのようにすればよいのでしょうか？

　僕は、英語の原書をいつももち歩いています。

　電車やタクシーでの移動時間に座って読むだけでなく、オ

フィス内であれば立って歩きながら、また公園などであればベンチに横になって読むこともあります。小鳥のさえずりを聞き、陽光と戯(たわむ)れながら読むことにより、聴覚、視覚、触覚、嗅覚、味覚の五感が総動員されることで、記憶に重要な役割を果たしている脳の海馬が活性化し、大脳皮質の側頭葉に記憶が定着しやすくなります。

　また、本を最初から読むのではなく、瞬間的に開いたページから読むこともあります。

### 学習の上昇曲線

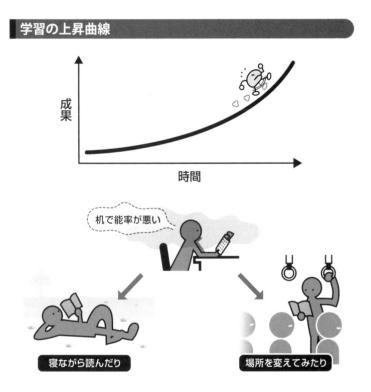

**現代の脳科学では、学習は必ずしも秩序立てて行う必要はない**と考えられています。断片的なインプットを継続して行うことが大切なのです。**脳は、大きな目標を一度に達成するよりも、目標を細切れにして、階段を1段ずつあがっていくことで成長していきます。**読書が苦手だと思う人は、少しずつでもよいので読み進めていってください。

最初はなかなか読み進められないかもしれません。しかし、前ページの図の曲線のように最初は進みが遅くてもある瞬間から上昇曲線を描いていくのです。少しずつでも読書などの学習を続けていくと、脳は筋肉と同じように鍛えられていくのです。

**脳が成長するには、神経細胞（ニューロン）がつなぎ変わり、新しいシナプス（神経細胞のつなぎ目）が生まれることが必要ですが、神経細胞がつなぎ変わるまでにはだいたい2週間くらいかかります。**わかりやすいたとえでいうと、お父さんやお母さんが子どもに注意してから、その振る舞いが直るようになるまでに2週間は待たなくてはならないというふうに考えてください。

試行錯誤を繰り返して行動することで、脳内に強固なシナプスが形成され、時間をかけることでひとつの行動に収斂(しゅうれん)していくのです。

## 神経細胞がつなぎ変わるにはだいたい2週間かかる

# 脳HACK／78

# 同じ本を繰り返し読む効果とは？

　ここで、「ディテール脳」を育てていくための読書法のおさらいをしてみましょう。ひとつ目は、読書に熱中する体験を積み重ねていくこと。ふたつ目は、書くスピードに近い速さで読むこと。そして、次なる３つ目にくるのは、同じ本を繰り返し読むことです。

　では、早速同じ本を繰り返し読む効果について述べていきましょう。

　新しい本に出合った時、その世界をどうしてもよく理解できないことがあります。でも、なんだか気になる。そのような本と出合った時は、僕は何カ月後か何年後か何十年後かにもう一度読んでみることにしています。再び読んで、初めてその世界のディテールをしっかりと理解し、自分のものにできる本は少なからずあります。

　読書には、ある種の潜伏期があります。その潜伏期を経て、初めてその素晴らしさに気づくといえます。

　**読書の喜びとは、潜伏期を経て得られる「イースター・エッグ」を見つけることにあると思います。**

　イースター・エッグとは、コンピュータのソフトウェアの中にユーモアの一種としてプログラマーが入れておいた、隠されたメッセージや画像のことです（イースター・エッグと呼ぶのは、キリスト教の復活祭に、装飾した卵をあちこちに隠して子どもたちに探させる遊びにちなんでいます）。

また、読書は「体験」としてとらえることも必要です。つまり、読んだ内容すべてをずっと覚えておこうとしなくてもいいのです。極端な話、読んだ端から忘れていってもかまいません。

たとえ内容を忘れてしまっても、長い時間を経て突如思い出すこともあります。何かを見聞きした際、「ああ、あの時読んだ本にこのことが書いてあったぞ」と気づくような場合です。

1冊の本を読んでそこから得られる具体的な情報よりも、むしろ2、3年経ってから思い出すような「無意識に蓄積された影響」こそが、その人にとっての読書体験の真の成果なのかもしれません。

### 読書とイースター・エッグ

# 脳HACK／79

# 自分の古典作品を
# 見つけるために読書する

　繰り返し読む本とは、どのようなものがよいのでしょうか。もちろん、自分が好きな作品を繰り返し読むこともいいでしょう。しかし、僕が考える繰り返し読む本の条件とは、再読に堪えうるような文章で書いてあること。つまり、古典作品です。

　なぜ古典が素晴らしいのでしょう。昔は紙が貴重品だったので、何度でも読める文章でなければなりませんでした。そのため、同じ物語が何度も読まれることを意識して書かれており、結果として再読に堪えうる磨かれた文章になっていったのです。

　つまらないもの、再読の価値のないものは自然に淘汰<sup>とうた</sup>されていき、結果として優れた作品のみが古典として生き残りました。ベストセラーというのは毎年出ますが、ごく一部の例外を除いては、生き残るもの、そうでないものに分かれていきます。一方で、『源氏物語』のように作品が書かれてから1000年以上が経過してもなお読み継がれるものがあります。つまり、長い年月を経てもなお読み継がれる本は、それだけ価値のあるものといえます。

　読書は効率を求めてするものではなく、自分の中の古典を見つけるためにこそするものではないでしょうか。

## 僕のお気に入りの100冊

### ■観念世界を旅する本

『李陵・山月記』中島敦、新潮文庫

『不思議の国のアリス』ルイス・キャロル（福島正実訳）、角川文庫クラシックス

『枕頭問題集』ルイス・キャロル（柳瀬尚紀訳）、朝日出版社

『ニーベルンゲンの歌』（相良守峯訳）、岩波文庫

『饗宴』プラトン（久保勉訳）、岩波文庫

『ゲーテとの対話』〈上、中、下〉エッカーマン（山下肇訳）、岩波文庫

『坑夫』夏目漱石、新潮文庫

『ゲーデル, エッシャー, バッハ』ダグラス・R. ホフスタッター（野崎昭弘、はやしはじめ、柳瀬尚紀訳）、白揚社

『皇帝の新しい心』ロジャー・ペンローズ（林一訳）、みすず書房

『無限と連続』遠山啓、岩波新書

『解析概論』高木貞治、岩波書店

『物理の散歩道』ロゲルギスト、岩波書店

『量子力学』ディラック（朝永振一郎訳）、岩波書店

『哲学探究』〈全集8〉ウィトゲンシュタイン（藤本隆志訳）、大修館書店

### ■心から楽しい時間をくれた本

『ゲゲゲの鬼太郎』水木しげる、講談社

『美味礼讃』海老沢泰久、文春文庫

『菊次郎とさき』ビートたけし、新潮社

『1・2のアッホ!!』コンタロウ、集英社

『いたずらの天才』A・スミス（後藤優訳）、文藝春秋新社・ポケット文春

『ご冗談でしょう、ファインマンさん』〈上、下〉リチャード・P・ファインマン（大貫昌子訳）、岩波現代文庫

『二重らせん』ジェームス・D・ワトソン（江上不二夫、中村桂子訳）、講談社文庫

『アクロイド殺人事件』クリスティ（中村能三訳）、新潮文庫

『ビビンバ』〈特に『猿取佐助』〉清水義範、講談社文庫

### ■人生観、世界観を構築するのに役に立った本

『わが生涯』ヴァーグナー（山田ゆり訳）、勁草書房

『生命とは何か』シュレーディンガー（岡小天、鎮目恭夫訳）、岩波書店

『ルリヤ偉大な記憶力の物語』ルリヤ（天野清訳）、文一総合出版

『悪霊』〈上・下〉ドストエフスキー（江川卓訳）、新潮文庫

『物質と記憶』ベルクソン（高橋里美訳）、岩波文庫

『プロテスタンティズムの倫理と資本主義の精神』ヴェーバー（大塚久雄訳）、岩波書店

『古事記伝』本居宣長撰（倉野憲司校訂）、岩波文庫

『二つの文化と科学革命』C・P.スノー（松井巻之助訳）、みすず書房

『ファウスト』ゲーテ（相良守峯訳）、岩波文庫

『シーシュポスの神話』カミュ（清水徹訳）、新潮文庫

『純粋理性批判』〈上、中、下〉カント（篠田英雄訳）、岩波文庫

『家族・私有財産・国家の起源』エンゲルス（土屋保男訳）、新日本出版社

『選択の自由』ミルトン・フリードマン（西山千明訳）、日本経済新聞出版社

『悲劇の誕生』ニーチェ（秋山英夫訳）、岩波文庫

『アインシュタイン選集』（湯川秀樹監修、中村誠太郎他編訳）、共立出版

『小津安二郎東京物語』リブロポート

『ツァラトゥストラはこう言った』〈上、下〉ニーチェ（氷上英廣訳）、岩波文庫

『善悪の彼岸』ニーチェ（木場深定訳）、岩波文庫

『方法序説』デカルト（谷川多佳子訳）、岩波文庫

## ■お風呂で読む本（何度読んでも味わい深い。どこから始めても終えてもよい）

『天才バカボン』赤塚不二夫、講談社

『吾輩は猫である』夏目漱石、岩波文庫

『三四郎』夏目漱石、岩波文庫

『坊っちゃん』夏目漱石、岩波文庫

『ギャンブルレーサー』〈特に2巻、3巻〉田中誠、講談社

『阿房列車』〈全3巻〉内田百閒、福武文庫

『御馳走帖』内田百閒、中公文庫

『古典落語』興津要編、講談社学術文庫

## ■魂の問題（人間の精神性について考えさせられた本）

『感想』〈小林秀雄全集別巻I〉、新潮社

『雪国』川端康成、新潮文庫

『にごりえ・たけくらべ』樋口一葉、新潮文庫

『老人と海』ヘミングウェイ（福田恆存訳）、新潮文庫

『知と愛』ヘッセ（高橋健二訳）、新潮文庫

『異邦人』カミュ（窪田啓作訳）、新潮文庫

『こころ』夏目漱石、岩波文庫

『嵐が丘』エミリ・ブロンテ（阿部知二訳）、岩波文庫

『和泉式部日記』和泉式部（清水文雄校注）、岩波文庫

『故郷七十年』柳田国男、神戸新聞総合出版センター

『遠野物語』柳田国男、新潮文庫

『文章読本』三島由紀夫、中公文庫

『春と修羅』〈宮沢賢治全集1・2〉、ちくま文庫

『罪と罰』〈上、中、下〉ドストエフスキー（江川卓訳）、岩波文庫

『カラマーゾフの兄弟』ドストエフスキー（原卓也訳）、新潮文庫

『ボヴァリー夫人』フローベール（生島遼一訳）、新潮文庫

『夏の闇』開高健、新潮文庫

『珠玉』開高健、文春文庫

## ■気になる隣人（違和感を覚えつつも、心惹かれる本）

『新編 銀河鉄道の夜』宮沢賢治、新潮文庫

『人間失格』太宰治、新潮文庫

『仮面の告白』三島由紀夫、新潮文庫

『金閣寺』三島由紀夫、新潮文庫

『渋江抽斎』森鷗外、岩波文庫

『レストレス・ドリーム』笙野頼子、河出書房新社

『檸檬・ある心の風景 他』梶井基次郎、旺文社文庫

## ■暗黙知の本（少年期に読んで印象に残り、暗黙知の一部になっている本）

『大きい1年生と小さな2年生』古田足日、偕成社

『学習漫画こちらアポロ』木乃美光とスタジオK製作、集英社

『あわてんぼ博士の発明』ハンター（長谷川甲二訳）、偕成社

『新しい昆虫採集案内』京浜昆虫同好会編、内田老鶴圃新社

『イワンの馬鹿』〈少年少女世界文学館〉トルストイ（木村浩訳）、講談社

『緑の館』ハドソン（柏倉俊三訳）、岩波文庫

『失われた世界』コナン・ドイル（龍口直太郎訳）、東京創元社

『赤と黒』スタンダール（小林正訳）、新潮文庫

『谷間の百合』バルザック（石井晴一訳）、新潮文庫

『だれも知らない小さな国』佐藤さとる、講談社

『指輪物語』トールキン（瀬田貞二、田中明子訳）、評論社

『イワン・デニーソヴィチの一日』ソルジェニーツィン（木村浩訳）、新潮文庫

『頭の体操』多湖輝、光文社

『チョコレート工場の秘密』ダール（田村隆一訳）、評論社

『若きウェルテルの悩み』ゲーテ（竹山道雄訳）、岩波文庫

## ■風が吹いている本（どこか遠くに連れていかれそうになる本）

『幽霊』北杜夫、新潮文庫

『それから』夏目漱石、岩波文庫

『枕草子』清少納言（池田亀鑑校訂）、岩波文庫

『赤頭巾ちゃん気をつけて』庄司薫、中公文庫

『ライ麦畑でつかまえて』サリンジャー（野崎孝訳）、白水社

『荒野のおおかみ』ヘッセ（高橋健二訳）、新潮文庫

『未知の贈りもの』ライアル・ワトソン（村田恵子訳）、工作舎

『アンの幸福』モンゴメリ（村岡花子訳）、新潮文庫

『マクベス』シェイクスピア（福田恆存訳）、新潮文庫

『アイヌ神謡集』（知里幸恵編訳）、岩波文庫

# 脳HACK／80

# なぜ読書は
# 脳によいのか？

「読書は脳にとってよいのでしょうか？」という質問を受けることがあります。その答えはもちろん「イエス！」です。

なぜ読書は脳によいのか。それは**読書をする際に、脳の中で「シンボル処理のダイナミクス」が行われる**からです。

たとえば、私たちは鳩を平和のシンボル（象徴）として扱っています。「シンボル処理のダイナミクス」とは、鳩を平和のシンボルと見なすように、あるもの（ここでは鳩）を、脳の中で別のあるもの（平和）へ変換することを指します。

これは、人間の脳のもっとも本質的な働きのひとつです。ある対象をシンボルへと昇華させる、その処理の仕方が複雑

であればあるほど、脳には良質な負荷がかかり、より活性化するからです。

　良質な文学作品では、読者が作品の中にあるシンボルを受け取った時に、脳の中で行われるシンボル処理のダイナミクスは、より重層的で複雑になります。なぜなら、文学作品におけるシンボルに対応する意味はひとつではないからです。ひとつのシンボルに様々な意味づけがなされ、物語の展開や伏線などの要素が絡み合うことで、さらにそのシンボルは何層もの意味を含んで成長していくからです。そのような脳の中での複雑な処理は、脳に対して良質の負荷をかけることになるのです。

 **読書は脳に良質な負荷を与える**

# 脳HACK／81

# 記憶の引き出し回路を鍛える

「我ながらいい文章が書けたな」と思う時は、脳が「フロー状態」（脱抑制状態）で書き上げています。脳の「フロー状態」とは、前述しましたが、時間や周囲の状況も忘れるほど、その動作に没頭してしまうことです。たとえば、子どもの頃に熱中したファミコンを思い出してください。一度ゲームに熱中してしまうと、あっという間に時間は過ぎ、周囲の大人たちの声も聞こえなくなるほどにその世界にのめり込んでいたはずです。

文章を書く際も、なるべくこの状態にもっていくよう心がけるのです。自分の中から湧き出てくる言葉や文を、流れるように書いていく。これはある程度のスピードがないと起こりません。そのため、1語1語にとらわれて筆が進まない時は、脳は「フロー状態」にはなっていないのです。もちろん最終的には細かい修正作業や校正作業が必要になります。しかし文章を書きあげる際には、ある程度のスピードで一気に書き進めていくエネルギーが必要です。

作家の重松清氏の言ですが、「ひと晩で60枚書き上げられるかどうかが、流行作家になれるかどうかの分かれ道」なのだそうです。彼は移動中もハイヤーの中で書き続けます。400字詰め原稿用紙にして月産800枚を目標にしているそうです。

もちろん、すべての人が「流行作家」を目指しているわけ

ではないので、そこまでストイックに書く練習をする必要はないでしょう。しかし、「文章がうまくなりたい」と思っているのであれば、限られた時間内に一気に書きあげる訓練が必要です。

1時間に400字詰め原稿用紙10枚を書きあげる練習をするのです。新聞や雑誌の記事を書くつもりであるテーマについて書いてみたり、小説や随筆を書いてみるのもよいでしょう。とにかく量とスピードを重視した練習をしてください。1時間に原稿用紙10枚を書きあげ、それを1日50枚書く訓練を自分に課すのです。

しかし、書きたいことが頭に浮かばない、または書こうとすることがなかなか思い出せないということもあるかもしれません。記憶を引き出す作業は、記憶が保存されている側頭葉と、脳の司令塔である前頭葉のLPFC（前頭前野外側部）との回路によって成り立っています。

今まで得た知識や体験などの記憶をなかなか思い出せない人は、次のような簡単なトレーニングをしてみるのもよいと思います。たとえばお風呂に入った時、小学校1年生の時の担任の先生、あるいは旧友の名前を思い出すことを意識的にやってみましょう。

こうしたことでも側頭葉と前頭葉のLPFCとの回路は鍛えられていきます。つまり**量とスピードを意識的にこなすことにより、知識や体験が記憶から頻繁に引き出され、脳の回路が働きやすくなる**のです。

僕の高校時代から大学時代にかけては、世の中には懸賞論文の募集が溢れていました。バブル時代に青春を送ったにも

かかわらず、残念ながら僕自身は何の恩恵も受けず、ひたすら研究室にこもっていたものですが、唯一の恵みはこの懸賞論文の存在でした。

　当時は「最優秀論文には賞金100万円！」という懸賞論文がいくつもあったのです。お金のない学生だった僕は、アルバイト代わりにこの懸賞論文をせっせと書いては、書籍代や旅行代、学生の身分には高価だったオペラなどのチケット代を稼いでいたのです。

　今でもよく覚えているのが、ある懸賞論文を提出した時のことです。提出期限ぎりぎりになるまで何も手をつけていなかった僕は、「今夜ひと晩で書きあげなければ間に合わない」状態にいました。その論文は、締切日の前日までの消印が有効でした。当時住んでいた地域では、朝の6時集荷ぶんまでが、前日の消印になることがわかった僕は、「よーし、なんとしても今夜中に書きあげるぞ！」と、午前零時から書き始めたのです。原稿用紙50枚ぶんでしたが、当時はパソコンではなく手書きです。今よりはるかに時間はかかるし、手直ししている余裕もありません。

　1時間に10枚ずつ書き続け、ようやく朝の5時40分くらいに完成させ、封筒に詰めた原稿を片手にポストまで走りに走りました。するとちょうど僕の後ろから、集荷のためのバイクの音が響いてきたのです。「彼が僕より先にポストに着いてしまっては、前日の消印ではなくなってしまう！」──僕は最後の猛ダッシュをして、なんとか瞬時の差で先に到着し、ピシッとポストに原稿を滑り込ませることができました。そして、無事集荷の人がポストの中身を袋に詰め、去っていく

のを見届けてから家路につきました。

その論文は入賞し、無事オペラ鑑賞のチケット代などが調達できたのですが、今から思うと、あの頃の懸賞論文の賞金稼ぎがベースとなって、僕の文章を書く力は図らずも訓練されていったのだと思います。量とスピード。これが文章上達には欠かせない訓練方法なのです。

### 記憶の引き出し回路を鍛える

量とスピード重視で書いて記憶の引き出しを活発にする。

# 脳HACK／82

# 頭のいい人は
# 記憶の編集能力が高い

「頭がいいね」「記憶力がいいね」と一般的によくいわれますが、その「頭のいい人、記憶力のいい人」とはどのような人を指すのでしょうか。

記憶の中枢は、大脳辺縁系にある海馬と呼ばれるところです。ただし、海馬で整理された記憶が蓄えられていく場所は大脳皮質です。海馬は記憶の中枢として、大脳皮質との連携により記憶の処理を司るのです。

実験で海馬を中心とする記憶の回路の働きを観察すると、実に面白いことが見えてきます。人間の記憶とは、コンピュータのメモリー機能のような過去の蓄積ではなく、体験の「編集」であることがわかるのです。

その記憶の編集過程において、まずは情報を入手するところから価値ある情報かどうかを選んでいます。たとえば2001年にアメリカで起こった9・11同時多発テロの映像を、多くの人が記憶していると思います。それも、初めて目にした瞬間のことを強く覚えているのではないでしょうか。しかし、その前日の朝にワイドショーで何をやっていたかをはっきりと覚えている人はまれでしょう。

これは、脳が前者を「非常に重要な情報だ」と判断し、選択しているからなのです。さらにいうと、強い感情を喚起するような情報は記憶しようとします。つまり、記憶術のひとつとして、できるだけ自分の感情をそこに乗せるという方法

があります。

　さらに、一度覚えた記憶は脳の中で次々と編集されていきます。これはアメリカで行われた研究ですが、ある年に話題になった人の顔を見せていくと、その人が話題になった年代によって、顔の記憶が残されている側頭葉の活動が変わります。つまり、年代別に整理されて、しかも時が経つにつれてどんどん情報が変容していくのです。

　**コンピュータは記憶を編集することはありませんが、人間の脳の記憶はどんどん編集されていくことが、このような研究からわかっているのです。**

　もうひとつの事例があります。ナディアという有名なサヴァンの女の子は、5歳の時に、走っている馬を一瞬見ただけで非常に正確な絵を描いています。「サヴァン」というのは、一度目にしたものを忘れないなどの非典型的な能力をもっている人たちのことです。

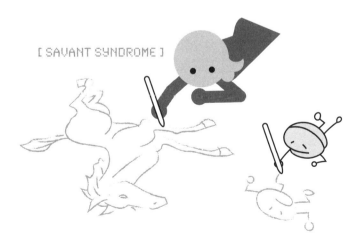

機械的な記憶力を持つサヴァンの人たちは、典型的な脳とは違います。だから苦手なこともあるのですが、その代わり、すばらしい数々の能力を持っているのです。一般的に、脳の個性は欠点と長所が表裏一体になっています。ですから、何かが苦手だからと言って、悲観する必要はありません。苦手のすぐそばに得意があるのです。

　幼い子どもは、顔から手足が出ているような絵をよく描きます。どう考えてもおかしいのですが、われわれはそれを見て人間だとわかります。コンピュータにはそういう絵は描けません。つまり、人間の脳は情報を整理し、意味づけして、言葉や意味を見出す能力をもっているわけです。

　記憶のメカニズムを整理すると、脳はまず海馬で一時的に記憶を蓄えます。この短期記憶と呼ばれるものを長期記憶へ移動させるのは、大脳辺縁系の役割です。こうして**記憶が定着されても、大脳新皮質の中ではずっと編集作業が行われます。「頭がいい」というのは、この編集能力が高いということです。**正確に覚えることはコンピュータがやってくれますが、コンピュータが逆立ちしてもできないのが、記憶を編集すること、すなわち悟ることです。

**記憶を編集することは
コンピュータにはできない**

## 大脳新皮質で記憶は編集されている

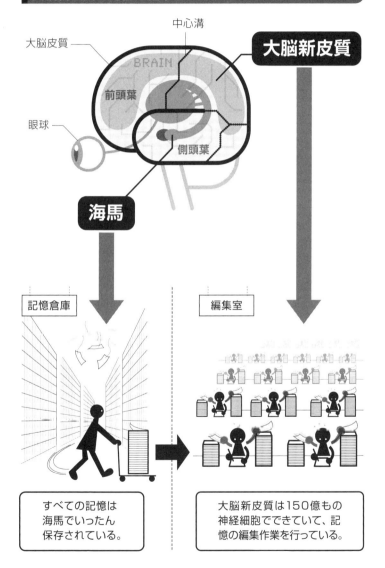

# 脳HACK／83

# 自伝を書くことは
# 脳の最高のトレーニング

　最近僕は「早すぎる自伝を書け」ということを周囲に推奨しています。

　自伝というと、偉大なことを成し遂げた人物が、晩年になって自分の歩んできた人生を振り返って書くものというイメージがあります。しかし、人生の半ばで書く自伝は、また違った意義のあるものだと思うのです。

　僕自身、人生の折り返し地点に来て、改めて過去を振り返ることがあります。幼少期、少年期、青年期、そして研究に没頭するようになってから。かつて自分が少年時代に望んでいたものや、青年期に抱いていた野望などを思い起こすのです。

　そうすると、「今の自分はかつての僕が望んだような生き方をしているのか」「今後自分はどのような場所で、どのような仕事をして生きていきたいのか」──そのような問いがおのずと胸中に湧き起こります。「自分はなぜここにいるのか」そして「これからどこに向かっていくのか」──それを確認する作業が「早すぎる自伝を書く」ことです。

　**過去を振り返り、未来を予測することは、脳の中の側頭連合野において行われます。ここで過去の記憶や体験を総動員して、未来に立ち向かおうと頑張っているのです。**

　ちなみに、この過去を振り返る部位と、未来を想像する部位は非常に近い場所にあります。今まで一度も経験したことがないのに、あたかもかつて経験したことがあるかのように

感じる「デジャビュ」(既視感)がなぜ人間に起こるのかというと、その「過去を振り返る」部位と「未来を想像する」部位が近いため、たまに混線が生じるからだと考えられます。

　過去に蓄積した経験や知識などが豊富でなければ、僕たちは未知の世界である未来に立ち向かうことができません。つまり、豊かな人生を歩むためには、人生の半ばで一度立ち止まり、来し方を振り返るという作業が必要なのです。

　日本の有名な自伝といえば、福澤諭吉が著した『福翁自伝』が挙げられるでしょう。これを読むと、彼がいかにして自らの力で学問を究め、世のために多くのことを為さんとしてきたかがわかります。

　軽妙なスピードとリズムは、この文章が口述筆記を土台としており、その後自らの手で修正したという独特の形式が影響しているのかもしれませんが、文章にはリズムやスピードが不可欠です。そのふたつが『福翁自伝』には満ちています。さらにもっとも大切な、その人自身の生きるうえでの熱がこの自伝には感じられるのです。

　福澤諭吉に限らず誰であれ、自分自身のことについてはおざなりな感情で書くことはできません。必ず熱意をもって書いていくのではないでしょうか。文章を上達させるために、何から書いたらよいかわからないという人は、まず「早すぎる自伝」をおすすめします。

 **過去を振り返る部位と
未来を想像する部位は近くにある**

# 脳HACK／84

# 論文や報告書は、
# 「悪魔の代言者」が検証

　論文や報告書においては、結論やタイトルがわからないまま見切り発車……という進め方は厳禁です。「推論」「仮定」「アプローチ」「結論」それぞれがわかりやすく明示されていなければならないため、事前にしっかりと構成を立てておきましょう。

　論文や報告書において、多くの人が陥りがちなのは、読む側の立場を忘れてしまい、独りよがりの文章になってしまうことです。書いた本人にとっては、研究を通じて内容も熟知しているので当たり前のことでも、初めて読む側にすれば、前提からして理解できないことかもしれません。

　書き手の言いたいことだけが羅列してある文章や、手順を踏んで説明することを怠った論文や報告書は、本来の役割を果たしているとはいえません。

　では、わかりやすい文章にするためにはどうすればよいのでしょうか。

　大切なのは、自分の中に「悪魔の代言者」（devil's advocate）をもつことです。

「悪魔の代言者」とは、もともとはカトリックの教義で、ある人を聖人に列する際に、本当にその人が聖人に引きあげられるだけの人物かどうかを、あらゆる方面から検証するために用いた方法です。

　たとえば「〇〇さんは、これだけ素晴らしい行いをしまし

た。だから聖人に列せられるべきです」という言いぶんに対して、「しかしながら、○○さんはこれだけひどいことも行いましたよ」という否定材料を並べ反論を試みることで、再度の検証を促すのです。

これと同じ手法を文章作成の時に用いるのです。

つまり、簡単に結論にたどり着きそうになった時に、そこであえて踏みとどまり、検証作業をするのです。自説に対して自ら心の中で反論し、「本当にそうか？」「間違っているのではないか？」「別の視点もあるのではないか」という言葉を囁く。「悪魔の代言者」を自分の中にもつのです。「自分ひとり理解している気になっているけれども、本当にこの報告書や論文はわかりやすく書かれているのか」「誰もが理解できるよう、親切に書かれているだろうか」と自問自答するのです。

僕はケンブリッジ大学に留学して以来、今でもケンブリッジ大学の多くの人が使っている赤と黒の背表紙のノートに、実験や考えたことを記録しています。

論文のデータや思考の跡付けを確認する上で、とても大切なものです。そのような検証ノートをつくるのも、ひとつの方策です。

## 自説に対して自分の心の中で反論し、検証作業をする

# 脳HACK／85

# 文章がうまくなりたければ、人生を充実させる

　文章量もこなし、ある程度の文章は書けるようになった。しかし、さらにその文章を練達のものとし、相手の心に届かせるためには、書き手にとってどのような姿勢が求められるのでしょうか。

　文章は、書き手の人生をそのまま表します。言葉を充実させたいのであれば、人生を充実させなくてはなりません。文章表現そのものを底上げしたいのであれば、人生そのものを引きあげなくてはならないからです。

　小説やエッセイ、論文や企画書などは、アプローチや手法は異りますが、唯一共通している大前提があります。それは「借り物の言葉ではなく、自分の言葉で書く」ということです。受け売りの言葉では、どのような形の文章でも、人の心に響くものにはならないからです。

　結局のところ、人生そのものを元手としてしか、その人の文章は成り立ちません。自らの見聞を広げ、未知なるものに接していくことで自分の内なる「言葉」の生命体を育む。そのプロセスを経て、ようやくその人の「言葉」は多彩なものとなります。表現が磨かれ、自在に文章を操ることができるようになる。自らも予想していなかった新境地の文体を切り拓くことによって、新たな世界へと招致されるのです。

　**自分の文章の向こう側に、誰が座っているのか。この意識は書き手を成長させます。**

文章を書くうえでの師。自分が誰に宛ててこの文章を書いているのか。自分の書いた文章を読み、添削し、「まだまだこんなものではない！」と叱咤激励してくれるのは誰なのか。

　自分の書いた文章を真っ先に誰が読むのか、その意識は文章を書くうえではとても大切なことです。

　僕自身、原稿を書く際、もちろん大きな視野では読者を想定して書いていますが、まず最初に自分の文章を読む編集者の顔を思い出しながら書いている面があります。

「あの人に楽しんでもらいたい」「彼（彼女）だったら、どんな感想をもつだろう」——それが文章を書くうえでの直接的なモチベーションになっています。

　たとえば、小林秀雄が生前、原稿を書き送っていた編集者Iさんに宛てて文章を書く時などは、とても緊張している自分を自覚しています。読み手のレベルが高ければ高いほど、文章には熱がこもり、「もっと上達したい！」という切実な思いが募るのです。

 **自分の文章を読む人を意識して書く**

# 脳HACK／86

## 文章には、技術＋「心の理論」が必要

　どのようなジャンルの文章でも、「オーダーメードの文章」を書くことができるようになれば、かなり上級レベルに達したといえるのではないでしょうか。

　戦国時代、織田信長に仕えた料理人の逸話が残されています。

　ある時、料理人がつくった料理が「薄味すぎる」ことを理由に信長から突っ返されました。仕方がないので、二度目は塩をたくさん入れて味を濃くして供したところ、今度は「美味い」と喜ばれ、それを聞いた料理人が、「やはり信長は田舎者だから、濃い味のものが好きなのだろう」と言ったという話です。

　しかし、これはおかしな話で、それがわかっているのなら、最初から食べる人の好みに合わせた料理を出すのがプロというものではないでしょうか。その人が一番喜ぶものを供するのが最高の料理人というもので、それを怠った時点で、その料理人はプロとしての心構えに欠ける——僕ならばそう思ってしまいます。

　これは文章に対しても、まったく同じことがいえます。

　相手の立場に立って考えた文章。それが究極の「オーダーメードの文章」です。文章とは独りよがりのものではなく、必ず読み手となる人の存在を意識して書くべきものです。

　また、そうなると今度は文章の技術的な問題以外に「心の

理論」も必要になってきます。

「心の理論」とは、他者の心を推し量ることができる能力のことです。自分と同じように、他者にはその人なりの自我や感情があることを察知でき、その心情をシミュレーションできる能力のこと。

これが苦手だと、相手のちょっとしたしぐさや表情からその感情を読み取ることは難しくなります。ましてや、相手の顔が見えないコミュニケーションとなると、さらに難易度は増してしまいます。

読み手の心を推し量りつつ、自分の都合や要望をいかにして他者のそれとすり合わせることができるか。それが文章を書くうえでも大切な要素となってきます。

究極の「オーダーメードの文章」は、やはりラブレターですが、もっと日常的な例ではメールの文面が挙げられます。企画書や報告書の類も、「オーダーメード」感覚抜きには上質なものは書けません。**受け取る側の人の顔を思い浮かべて、相手が何を望んでいるのかを推量しながら文章を書くことができれば、相手の心は必ず動かされます。**

しかし、「心の理論」を働かせずに、自分の事情や要求ばかりを並べ立てた文章を送ってしまえば、読み手の心が動くことはありません。

常に相手の立場に立って配慮した、その人のための「オーダーメードな文章」を心がけましょう。

**相手が何を望んでいるのかを推量して書く**

# 脳HACK／87

# 「拾い読みする」「じっくり読む」それぞれの脳への効果

　人間の脳は他者と会話したり、簡単な計算をする時、その活動領域が大きくなることがわかっています。いわゆる「脳トレ」といわれるドリルは、音読をしたり、簡単なパズルを解くことで脳の活性化を促すものです。

　その一方で、**考えごとをしたり難しい問題を解いている時、仮想の世界に没入する時は、むしろ脳の活動領域は小さくなる**ことがわかっています。

　これは、活動領域を絞り込むことで集中力を高めているのではないかと考えられています。脳の活動領域は広ければ広いほどよいというものではありません。時には読書などを通じて脳の活動領域を絞り込み、クールダウンさせてあげることも大切です。

　しかし、現代社会においては毎日忙しいし、ゆっくり本を読む時間がとれないのが実際ですが、まとまった時間を確保できない人でも簡単に読書ができる方法があります。

　たとえば、細切れの時間を読書に充てる。僕はトイレやお風呂といった細切れの時間でも、パッと読み始めてしまいます。とにかく「すぐ読む」という感じです。

　特に英語の原書を読む時はそうです。どんなに興味のあるテーマに関する本でも、それを頭から読んでいこうとすると、読み進めているうちに、様々な思索が頭に浮かんでしまい、少しも前に進んでいかないことがあります。

また、「全部読まなくてはいけない」と思い込むのも、結局はそれが障壁となり、読書自体が嫌になってしまいます。
　そうならないために、パッと開いたところを読むわけです。いい加減に読んでいるように思われるかもしれませんが、これは意外に重要なことです。
　現代の脳科学の知見に基づけば、学習は必ずしも秩序立ててやる必要はありません。断片的なインプットを積み重ねるやり方でも問題ないのです。
　ですから、躊躇せずに、目についたところから、とりあえず始めてしまう、という感覚が大切です。ただし、初めて読む本だと、情報があまりに断片化してしまう可能性があるので、「拾い読み」は一度読んだことのある本のほうがよいでしょう。
　一方で、じっくり時間をかけて黙読するのも、とても魅力的です。断片的でもいいからとにかく情報を入れていこうというせわしない「拾い読み」に比べると、本とじっくり向き合う黙読はとても心安らぐ読書になります。その時間は、僕にとって至福の時です。
　忙しい日常生活ではなかなか味わえない贅沢なのかもしれませんが、脳がすっとクールダウンするような、活字に向かう静かな時間をもっと大切にしたいものです。

　**断片的なインプットを積み重ねる**

# 脳HACK／88

# ブログによる
# デブリーフィング効果

僕は毎朝目覚めると、まずベッドサイドにあるパソコンの電源を入れ、ブログを書き始めます。ここには前日に出会った人から学んだことや、頭に浮かんだアイディアなどを書き込んでいきます。

宇宙飛行士が帰還した時、「こういうことがあった」と体験報告することを「デブリーフィング」といいます。本来は軍隊などで使われた用語で、前線からの帰還兵に、その任務の遂行状況や戦況を報告させることを指します。

今は、事故や災害に遭って精神的な外傷を受けた人や、宇宙飛行などの困難な任務を達成した時に、感情の発散や経験の再構成をさせ、トラウマや心理的後遺症を残さないために行われることがあります。

僕の場合は心理的外傷のケアではなく、**自分の経験をきちとした「意味」として保存しておくために、ブログを書いています。人間の記憶は、出力を通して整理され、意味という抽象概念化を通して初めて「経験」という、応用可能なものに変化します。**ひとつはその効果を狙ったものです。

なぜ当日に書かずに、翌朝書くのか。それは、夜寝ている間に脳が無意識のうちに前の日の体験を整理し、朝起きた時には体験の意味がより熟成されていることが多いからです。

さて、ブログを書くもうひとつの理由は、出力することで経験の意味を捉え直し、自分の人生を再構成することにあり

ます。つまりブログは「自分の人生のデブリーフィング」でもあるのです。

　実は、**ブログを書くという行為は、自分の行動を変えるのにもっとも適したツールのひとつ**です。たとえば、読んだ本の感想を日記として公開するとします。つい「"なんだコイツ、こんな低俗な本を読んでいるのか"と思われるかもしれない」と不安になるでしょう。そうすると次は「じゃあ、レヴィ＝ストロースでも読んでみるか」となる。これも立派な行動の変化です。

　僕は、人が成長する時のきっかけは「背伸び」だと考えています。そして、背伸びをする時に欠かせないのが、他人の目です。そういう意味では、ブログは究極の「背伸びマシン」だといえるでしょう。

　自分のやっていること、考えていること、感じていることを定期的にデブリーフィングする習慣をつくると、自分の人生を客観的に見られるようになっていきます。そして、自分のプライベートな領域に、外部の眼という検証の感覚が入ってくるようになるのです。そのことで、伸びるものはさらに伸びるし、これはどうかな、というようなことは自然に淘汰されるようになる。デブリーフィングで人生の風通しを良くすることで、すっきりくっきりしてきます。

 **翌朝にブログを書くには理由がある**

# 脳HACK／89

# ツイッターは 情報収集の場としてとらえる

　僕は、今かなりの数のSNSをやっています。日本語と英語のツイッター、LINEブログ、英語系のブロガー、インスタグラム、中国版ツイッターのウェイボー、日本語と英語のフェイスブック、noteなどです。中でも一番充実しているのが、日本語のツイッターでしょうか。僕がツイッターでつぶやいたことが、ネットニュースに載ってしまうくらいなので、ひとつのメディアみたいになっています。

　なぜ、こんなにたくさんのSNSをやるのか。それは、メディアによって読者層や読者の反応、役割がまったく違うからです。たとえていうならツイッターは「総合週刊誌」、LINEブログは「アート系」。インスタグラムは、自分の心が動いた写真を載せて英語で短い詩を書いています。ウェイボーは、グーグル翻訳を使って書いているので、本当にきちんとした中国語になっているのか自分でもわからず、かなり苦戦中。フェイスブックは、友人との交流のためです。noteは、文章、写真、イラスト、音楽、映像などの作品を投稿して、クリエイターとユーザーをつなぐことができるウェブサービスですので、新しい仕事のきっかけになることは確かでしょう。

　たくさんのSNSをやる理由は、他にもあります。それは、読者の反応がすぐにくるので文章力が鍛えられる、というメリットです。そして文章を大量に速く書く練習にもなります。

これはビジネスパーソンにとっても、お客さんを意識した文章力を鍛える意味でも有効ではないでしょうか。

でも、こんなにたくさんのSNSはできないという人のために僕がおすすめするメディアは、ツイッターです。自分のアイディアや文章が拡散されやすいので、そこから仕事に結びつくこともあると思います。

また、多くのビジネスパーソンにとっては、ツイッターは情報収集の場としてとらえたほうがいいでしょう。極端なことをいえば、自分から何も発信しなくてもいいくらいです。

では、どうやって情報収集をするのかというと、僕は検索ワードを入れて探すのではなく、面白いことをつぶやいている人をリスト化しています。検索ワードで探すと、玉石混交で役に立つ情報にはなかなか辿り着けません。フォローしている人が多い場合は、全部それを見ている暇はないのでリスト化するのが一番です。

リスト化する人を決めるのに重要なことは、公式サイトなどよりも個人が発信しているもののほうがいい。それは、興味深いツイートはたいてい個人が発しているものが多いという経験則からいえることです。有名人のツイッターを探すのは簡単ですが、無名の面白い人を探すにはどうするか。それは、有名人のツイッターの中でリツイートされたものを辿っていけば、自然に興味深い情報や個人に辿り着けます。

 **読み手の反応がすぐにくるものをする**

# 脳HACK／90

# ネットでの情報収集には「英文読解力」が必須

　スピーキング（話す）やリスニング（聞く）はともかくとして、英語のリーディング（読む）ができないと、検索エンジンのポテンシャルをフルに発揮できません。なぜなら、インターネット上の情報で、英語で書かれている情報の量と質は圧倒的だからです。

　特に科学技術の分野において、英語ができれば、僕たち科学者と一般の方がアクセスできる情報はまったく同じです。

　最近、科学の世界では、ほとんどの論文がＰＤＦ（ウィンドウズやマッキントッシュなどのＯＳの種類に関係なく、同じ見た目で文書を表示するファイル形式）のかたちで、ネット上にアップされています。そして「Papers（ペーパーズ）」などの管理ソフトウェアを使えば、論文や文献を保存したり、引用の管理が可能になります。

　ある物事について調べようと論文を読み始めたら、そこに、引用されている論文が出てくることがよくあります。今度は引用元の論文にアクセスし、さらにそこでも、引用されている論文を読んでみる。このように、インターネットを使えば、簡単に最先端の科学知識にアクセスできるのです。

　論文に限らず、他の情報でも同じことがいえます。たとえば、ネット上の「フリー百科事典」として知られるWikipedia（ウィキペディア）もそうです。多くの場合、同じ記事でも英語ページのほうが、レベルが高い。

また、アメリカでは Scholarpedia（スカラーペディア）というものがあります。スカラーペディアは、専門家による査読を経て公開されたフリー百科事典です。

計算神経科学や力学系、コンピュータ知能、天体物理学といったジャンルの記事しかありませんが、記事一つひとつに「キュレーター」と呼ばれる査読者が割り当てられています。そのほとんどは、アメリカや日本などの大学で活躍している教授陣です。このキュレーターは登録制で、実名と所属機関を明らかにしなければならないのです。

スカラーペディアは画期的な仕組みです。近い将来、百科事典の決定版になる可能性を秘めた存在です。しかし、まだ英語版しかありません。

英語ができないと、こうした情報に触れても読むことができないわけです。確かに翻訳ソフトもありますが、残念ながらまだ実用レベルには達していません。英語を読めないこと——実は、これはかなり大きな機会損失なのです。

 **スカラーペディアを読みこなす**

# 脳HACK／91

# 手書きとパソコン入力、
# 脳にはどちらがよい？

　今や手書きの作業は究極のラグジュアリーになってしまいました。パソコンやスマホの登場で、文字は書くものではなく打つものになってしまった現代では、自らの手でペンを握って文章を書く時間というのは、究極の贅沢なひと時になりました。それはあたかも電気炊飯器でご飯を簡単に炊ける時代に、わざわざ土鍋で炊くのと同じくらいの「手間をかけている」感じです。今さら、この便利さを手放すことはできません。

　しかし、改めて**「脳にはどちらがよいか」と訊ねられれば、それは「手書き」ではないでしょうか。**

　たとえば漢字で「高瀬舟」と書こうとします。パソコンで打つならば、おそらく１秒もかからないくらいでしょう。ところが、これを紙に自分の字で書こうとすると、長い時間とエネルギーを消耗します。

　この動作のどちらが脳によいかといえば、手書きであることは明らかです。脳は、簡単にできてしまう作業よりも、負荷をかけた末の達成感を喜ぶからです。

 **脳は簡単にできる作業よりも
負荷をかけたほうがよい**

# CHAPTER-7

## 習慣化して続けること
### ～グリッドの技術～

# 脳HACK／92

## 朝の3時間が 脳のゴールデンタイム

　テレビの視聴率測定において、もっとも視聴率が高い時間帯をゴールデンタイムと呼び、午後7時から午後10時までを指します。これと同じように、実は人間の脳にも、脳がもっとも効率的に働く時間帯があります。人間の脳にもゴールデンタイムは存在するのです。

　それはテレビの視聴率とは異なって朝です。「朝目覚めてからの3時間」が脳の働きがよく、もっとも活発に働く、脳にとってのゴールデンタイムだといわれています。ビジネスで成功している人、幸福な人生を送っている人は、この脳のゴールデンタイムを活用しています。それはつまり脳の状態が最高にいい時間帯の過ごし方次第で、人生そのものが劇的に変わっていくということなのです。

　ただし3時間というのはひとつの目安であって、厳密に3時間を超えるとゴールデンタイムは終了というわけではありません。「誰にも邪魔されない朝の時間、つまり家を出るまでの時間」がゴールデンタイムなのです。

　それでは、なぜ朝一番の脳がもっとも効率がいいのでしょうか。

　ところで、私たちの目や耳などを通じて外部から入ってきた一日の情報は、いったん「海馬」という部位に集まります。そして情報は一時的に「短期記憶」として脳に蓄積されます。その後、海馬を経て、大脳皮質にある側頭葉の「側頭連合野」

へ移動します。しかし、この段階では記憶はただ蓄積されているだけです。

それを「長期記憶」に変えるのは睡眠です。つまり、睡眠中に脳の中にある情報は、疲労やストレスがクリーニングされ、情報が整理されるのです。

すると朝一番の脳は、昨夜までに蓄積された記憶が一度リセットされ、新たな情報を受け入れる準備が整っている状態といえます。**朝一番の脳は、やる気に満ち溢れ、一日のうちでもっとも生産性が高い状態です**。その時間帯をうまく活用すれば、朝からハイパフォーマンスな脳をつくることができます。

今まで自分ができていなかったことや、これからやりたいと思っていた新たなことに挑戦するうえでは最適な時間帯だといえます。

今までの状態がゼロベースだとすると、０から１へと自分を成長させることができるのです。

## 朝は脳のゴールデンタイム

朝一番の脳は、疲労やストレスが"クリーニング"された状態

朝

新しい情報を受け入れる準備が万全

日中の活動時間
目や耳を通じて得た情報は、いったん海馬に集まる。この段階では記憶が蓄積されているだけの状態。

**短期記憶**

記憶の整理
睡眠中
眠っている間に未整理の記憶が整理されることで、短期記憶が長期記憶へ変わる。

**長期記憶**

# 脳HACK／93

## 脳の白質は、成果に関係なく努力したぶんだけ太くなる

　はたして脳は何歳になっても発達していくものなのでしょうか。それに関する面白い実験があります。

　若者と60歳前後の数人に、「3つ玉ジャグリング」を3カ月練習してもらいました。なお、被験者はもともと3つ玉ジャグリングができないというのが前提です。そして練習後とさらに3カ月後に、脳の状態がどうなっているのかを調べました。

　これは、トレーニングによって誘発される「脳の構造変化」を調べる実験といえます。脳には白質と呼ばれる有髄神経線維の密集する部分があり、その変化によって脳の発育を判断することができますが、結論からいえばふたつの発見がありました。

　ひとつは練習後の変化です。「老いとともに脳の成長は衰える」という常識を覆し、若者同様、60歳前後の人々の白質部分も太くなっていました。さらに面白いことに、白質の増加率と習得できたジャグリングのレベルに相関関係はありませんでした。つまり、あまり上手にならなかった人も脳の白質は太くなっていたのです。

　ふたつ目の発見は、練習をやめると白質部分は元の太さに戻ってしまうことがわかりました。被験者の中には、以前よりも細くなってしまった人さえいました。

　この実験結果は、習得できたかどうかにかかわらず、どれ

くらい努力したかによって脳の発達が促されることを示しています。要するに、脳の発達も筋肉によく似た性質をもっているということです。そしてもっとも興味深いのは、**脳の構造変化は必ずしも若者だけに限られたものではない**ということです。

　**何かを習慣化し、それを飽くことなく続けていれば、年齢にかかわらず脳への影響はある。**こうした現象を知れば、元気や意欲がいかに素晴らしい財産であるかということに気づかされることでしょう。

### 努力すれば、脳は確実に応えてくれる

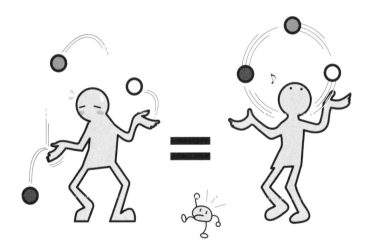

努力した結果が失敗だったとしても脳の白質は太くなる。その効果は、習得レベルや年齢には関係ないものである。

脳は鍛えるほど、元気になる！

# 脳HACK／94

# 脳の回路は
# 表情筋に影響される

　表情筋と脳の回路には密接な関係があります。人は自分の表情に影響され、脳の認知判断も変わってしまうということが、実験で明らかにされているのです。たとえるならば、自分自身が自分の心をつくっているということです。

　ある実験で、被験者に笑顔やしかめっ面を故意につくってもらいます。ピンやペンなどを用いて表情筋を固定するのです。その状態でジョークや深刻な話を聞かせると、感情が表情に引きずられるという結果が出ました。つまり笑顔で深刻な話を聞いても悲しくならず、逆にしかめっ面でジョークを聞いても面白く感じなかったということです。

　日頃からこのことを頭に入れておくだけで、無用なストレスはずいぶん減ると思います。というのも、認識も感情も自分の脳によるわけですから、つまるところすべては自分次第というわけです。

　たとえば悲しくなったり、元気がない時に口元を左右に思いきり引きあげて、微笑むような表情をつくってみてください。それだけで脳の回路は表情筋に引きずられて、楽しい気分を生み出してくれます。

　また、アイコンタクトをするだけで脳の中のドーパミンが出るというデータもあります。ドーパミンは、うれしい、楽しいと感じた瞬間に脳から放出される脳内物質です。アイコンタクトが行われなければ、ドーパミンの活動は低下してし

まいます。

　さて、実は自分自身の顔を一番知らないのは自分だという実験結果があります。写真を見て「私、こんな変な顔じゃない」と思うことは、誰にでもある経験でしょう。これは、「これが自分だ」と思っている顔とは、鏡に映る左右逆転した像であるからです。他人についてはいつも正面から見ているので、写真の顔を見ても違和感を覚えないのです。

　この実験では、被験者に左右が逆転した自分の顔と正面の顔、そして他人の場合も同様に見せ、それぞれ「どちらが本人らしいか」と訊ねます。すると、自分については左右が逆転した顔（鏡像）、他人については正面から見た顔（正立像）が本人らしいと統計的に有意に多くの人が答えたのです。

　この結果は、私たちに次のようなことを教えてくれます。**自分の顔に気に入らない部分があったとしても、実際、その特徴自体が存在していない可能性さえあるかもしれないということです。**気に病むだけ損というものです。

　鏡像にとらわれ、それを修正しようとするよりも、できるだけ楽しい気持ちでいる時の表情を続け、習慣化していったほうが、よほど魅力的な自分になれます。

## 口角を引きあげるだけで楽しい気分に変われる

## 脳HACK／95

# ジョギングで
# 脳を鍛える

　僕が毎朝ジョギングをするようになったきっかけは、40歳を前にして「まだ体力はあるけれど、これからは落ちる一方だろう」という危機感が急に芽生えたからです。

　最初のうちは距離も短かったのですが、今では毎朝10キロほど近所を走っています。また、仕事の移動時間も極力公共交通機関を使わずに自分の足で歩いて向かうようにしています。ジョギングやウォーキングは生活習慣病の予防になったり、ダイエットに効果を発揮しますが、それだけではありません。リラックスしながら、脳を鍛えることができるのです。

　**人間の行動の9割をコントロールしているのが、脳の司令塔といわれる「前頭前野」で、これは運動によって鍛えることができます。**前頭前野は主に記憶や思考、学習、判断などを司っており、強化することで仕事や勉強においても集中力や判断力、記憶力などを高める効果が得られるといわれています。

　多くの成功者や一流の経営者が「ジョギングが趣味」だと言っているのをよく耳にしますが、運動を習慣化させることで仕事のパフォーマンスが向上することを脳科学的に、あるいは経験則によって知っているからかもしれません。

　また普段からどうしても運動不足になりがちな職業の人、たとえばデスクワークが主な人などは、運動によって前頭前

野が鍛えられることをより効果的に感じることができるはずです。

　ジョギングやウォーキングは、判断力や思考力の向上以外にも、ストレス解消につながることが知られています。

　運動すると、脳波のひとつであるα波が放出されます。α波は、癒やしの効果が得られている時に出る脳波だといわれており、運動によってα波が出ることで身体と心が落ち着き、ストレスを抑える効果があります。

　するとメンタル面が充実するため、仕事も勉強もやる気に満ち溢れてきます。ただし、α波は5分程度の運動では分泌されません。軽く汗が出る30分程度の運動時間が必要となります。

### リラックスしながら脳を強化する方法

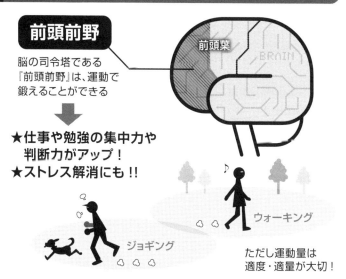

# 脳HACK／96

# 「未来は明るい」と思うほど、脳の楽観回路が働く

　脳科学において楽観主義は、いわゆる予測の類としてではなく意志の問題として扱われます。

　未来は明るいのか、それとも暗いのか。明るいと思えば、脳の前頭葉を中心とする「楽観回路」が働き、楽しい気持ちが生まれます。その働きが側頭葉の内側にある扁桃体という神経細胞を活性化させ、「なんでもできる」「どこまででも行ける」というような自信となります。

　こうしたふたつの領域の掛け算的効果が、脳の特性を活かした精神活動であるわけです。厳密にいえば、これらは「楽しい」と感じる以前の無意識下での現象ですが、「無意識を耕すこと」、つまり楽観回路を深く豊かに耕すことこそ日常でできる工夫であり、自らの創造性を磨いていく方法なのです。

　創造性は誰でも養うことができます。決してある種の人たちの特権ではありません。しばしば「私に創造性がないから、何もできない」と言う人がいますが、創造性とは自らの意欲であるというのが僕の持論です。

　むしろ自分を否定する気持ちや、「私は○○だから……」という決めつけが、創造性を発揮する機会を失わせているのです。チャンスを潰しているのは自分の心だったというのは、往々にして起こっている現象です。

　楽観主義の法則には、もうひとつ大切なことがあります。

それは、人間の脳はもともと悲観的なことより楽観的なことを想像しやすいようにできているということです。

脳科学の実験により、たとえ確証がなくても未来をポジティブにとらえる傾向が脳には備わっていることが、近年明らかになりました。被験者たちに未来の出来事を想像してもらうと、ポジティブなことがネガティブなことより先に起こると思い描く結果が、統計として高い数値を見せたのです。

簡単にいえば、人は近い未来を想像する場合、悲しいことよりも楽しいことを思い浮かべる生き物であり、「うまくいく」「成功する」という主観的思考は生理的に自然なものだということです。たとえば宝くじなどは、こうした人間特有の思考をうまく利用したものだといえます。

本来備わっている脳の楽観的機能をうまく引き出す役は、自分自身に他なりません。なにしろ「明るい未来」の根底を

成すのは自分の希望であり、脳内の回路は想像することでしか働かないのですから。今日から始まる楽しいことを繰り返しイメージすることは、脳にとっても本来の力を充分に発揮できる舞台が与えられたに等しいことなのです。

　具体的なイメージ・トレーニングとしておすすめなのが、日記を書くことです。

　僕は毎日、ブログで日記をつけています。「クオリア日記」というもので、出会った人から学んだことや、思い浮かんだアイディアなどを書き込んでいます。

「なぜ毎日、日記をつけているのだろう」と時々自問することがありますが、僕にとってこの**日記は、日々訪れる認知的なゆらぎ、覚醒、惑いの中で自分の希望を見失わないために、経験を「意味」として記録する道具です**。いわば、人生を実験に見立てた記録ノートなのです。

　記録を通して記憶や思考が意味をもち、ひいては経験となります。要するに、見えないものを可視化させ、実人生で応用可能なものに変換するのが「日記をつける」作業です。そこには希望の種を埋めておく。芽を出せ、咲けよと蒔いておく。無意識世界に常に働きかけながら、楽観回路を耕す鋤（すき）や鍬（くわ）。それが日記という道具です。

 **日記でイメージ・トレーニングをする**

CHAPTER-7 習慣化して続けること ～グリッドの技術～

# 脳HACK／97

# 毎日の喜びで
# シナプスがつなぎ変わる

　他人との比較や世間の常識を基準としていては、脳本来の力を活かすことはできません。

　たとえば俳句の趣味にしても、「あの人のほうが私よりうまい」などと他人との比較をしてしまいがちですが、そのような思考習慣の行き着く先は、世間の評価がないと不安になってしまうという心理状態です。

　この際、それはもっとも安易な道だと肝に銘じ、より高度な喜びを脳に与えることです。すなわちそれは、たとえ他人に認められなくても、自分に進歩があるのが一番だと思える気持ちです。

　どんなに些細なことでも構いません。それを育むために、毎日の生活の中で喜びを自発的に感じることが大切です。

　実際、脳内ではささやかな変化の積み重ねが絶え間なく起こっています。

　脳には1000億のニューロン（神経細胞）のつなぎ目である「シナプス（神経回路網）」という構造があります。ニューロンとシナプスによって神経伝達物質がやりとりされる結果、様々な精神状態が生まれるのです。ニューロン間のシナプス結合にはひとつとして同じものがありません。こうした非常に小さな変化が積み重なることによって、ふと気がつくとまったく異なる自分に成長できているというのが、脳の可能性の素晴らしいところです。

逆にいえば、脳の変化は時間を要するということです。ですから、生活習慣を変化の手段として利用するのが、実はもっとも効果的なのです。

極端にいえば、**「なりたい自分」を習慣化すれば、間違いなく実現できるということです。それは喜びを伴う習慣になるので、脳のシナプスが毎日少しずつなぎ変わっていくからです。**

人に優しくありたければ、それを習慣にする。常に笑顔でいたければ、それも習慣にする。要は、毎日の習慣とは自分の未来に等しいと気づくことです。そのように意識できれば、椅子に座る姿勢ひとつさえ、おのずと変わってくるというものです。

### なりたい自分を習慣化

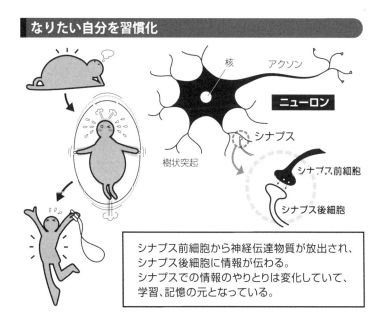

シナプス前細胞から神経伝達物質が放出され、シナプス後細胞に情報が伝わる。
シナプスでの情報のやりとりは変化していて、学習、記憶の元となっている。

# 脳HACK／98

# 好きな音楽を聴くだけで、脳は活性化する

「新しいこと」が受け入れられない気分の日もあるでしょう。不安や心配、プレッシャーやストレスの厚い壁に覆われてしまうような時です。目に見えない相手だからこそ、これらへの対処は厄介です。

そんな時には「音楽」が有効です。

前述のように、脳の中では1000億のニューロンの間で、常に神経伝達物質がやりとりされています。その状態は、様々な拍子のリズムが絶え間なく発生しているようなもので、脳内現象とはいわばニューロンとシナプスの終わりなき合奏だといえるのです。

リズムにはリズムを——これは僕がつくったフレーズですが、リズムとリズムは相性がいい。異なるリズムでさえ、合わさることで豊かなリズムを生むことは音楽が証明してくれています。

脳も同じです。動かせばいいのです。**気持ちが沈滞した時は、あれこれ悩む前にひとまず外界からのリズムで脳内リズムを揺り起こしてあげるのです。**耳から入ってくる音楽に合わせ、脳が自発的な動きを生み出します。いわゆる音楽効果とは、脳内の自発性を誘発することなのです。

どんな音楽がいいか。やはり自分の好きなものが一番です。一時、「モーツァルト効果」という言葉がよく使われました。これは、モーツァルトの音楽を聴かせた学生が知能検査で高

い成績を見せたという海外の実験結果に基づいたものですが、前提として脳がモーツァルトの音楽を楽しめることが必要だとわかりました。つまり、モーツァルトの音楽が好きかどうか。脳が喜びを感じるか否か。それによって効果は変わってくるというわけです。

これは当然です。演歌の好きな人は演歌を聴くと元気が出ますし、ロックの好きな人はロックを聴くとうれしいのです。大切なのは、「好き」「うれしい」「喜ばしい」という気持ちを一瞬でもいいから強く自覚することです。
「ああ、気持ちいい！」——どこまで脳がそう感じられるかが勝負です。好きな音楽を見つけて、そのシャワーを浴びること。脳に対して絶大な効果を発揮するこの習慣については、貪欲なまでに「好き」なものを追い求めていいのです。

そうこうしているうちに、気持ちを覆っていた見えない壁が次第に消えていくのに気づくことでしょう。脳内の自発性が動き出した結果です。

### POINT 耳から入ってくる音楽を大切にする

脳 MUSIC, 脳 LIFE

# 脳HACK／99

# 脳をバランスよく使うと、疲れない

あなたは、自分の「利き目」が左右どちらの目か知っていますか。

あるいは、テレビや映画を観ている時の自分の表情を知っているでしょうか。食事する時の自分の姿勢を頭に描けますか。日常会話で「ちょっと」や「やっぱり」など、どんな会話にも挟んでしまう口癖をどれだけ自分で把握できているでしょうか。

私たちは案外自分のことについて知らないものです。

おそらく利き目について10人に訊いたとしても、即座に返答できる人は半分に満たないと思います。「左利き」や「右利き」といった利き腕があるように、目にも利き目があるのです。

簡単にわかる方法がありますので、さっそくこの場でやってみましょう。

まず、輪ゴムをひとつ用意してください。

それを目の高さへもってきて、輪を通して見える向こうのものを両目でしっかりと見つめます。それから、左目と右目を交互に閉じてみてください。

目を閉じた時に輪の中の像が変わったら、その目があなたの利き目です。たとえば右目を閉じた時に視覚像が変われば、右目が利き目であるということです。

利き目とそうでない目の違いは、日常生活ではほとんど気

## 利き目を簡単に知る方法

① まず両目の前に輪ゴムをもってきて、輪の向こうをのぞく。

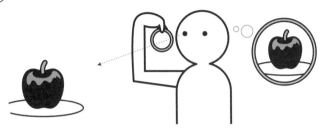

② 左目をつぶり、輪の向こう側の像の移動を確認

③ 右目をつぶり、輪の向こう側の像の移動を確認

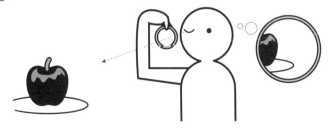

輪の向こう側の像が変わるほうが利き目。

になりません。ただ、眼帯などをすると視覚像が変わってしまうように、日頃私たちは片一方の目を軸にしながら、対象物を捉えているのです。ふたつの目から入ってくる異なる刺激を脳がクロスさせ、ひとつの立体的な映像にしているということです。

このように、利き腕も利き目も脳が支配している領域です。

一般的に右利きの人は左脳領域である論理的思考が得意で、左利きの人は右脳領域である芸術分野や直観力に優れている傾向があるといわれます。ですから、利き目を知るのも自分という人間を知る術のひとつです。

僕は日頃から、脳をバランスよく使うことを心がけています。

右利きならば身体の左側の神経が発達しているわけですから、あえて右側の神経に気を配るようにする。たとえば遠くのものをつかむ時には必ず左手でとるようにするとか、パソコンのキーボードを叩く時には左指を意識するとか、そんなささやかな習慣です。

しかし、習慣の威力とはすごいものです。いつの頃からか、食事の時でも右手がふさがっていれば左手で箸を使えるようになりました。

**自分の脳をバランスよく使ってあげることは、脳を疲れさせない秘訣です。**

脳とは結局、身体です。脳が疲れれば身体が疲れ、身体が疲れれば脳が疲れます。悲観的になる。怒りっぽくなる。何も考えられなくなる。そんな時は身体を休ませると同時に、脳のバランスを回復させることが大切なのです。

脳が疲れたなと感じた時、もっとも簡単な疲労回復法があります。

利き手ではないほうの手を、できるだけ指を伸ばして開いたり閉じたりするのです。1、2分ほど続けるだけで、脳がすっきりとしてきます。

ただし、この方法も慣れすぎると効果が減じてきますので、これを参考に自分なりの方法を編み出してください。要は、左右バランスのとれた刺激を脳に送り続けるという意識を習慣化することです。

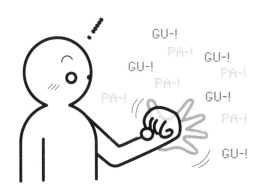

 **POINT** 身体を休ませれば、脳のバランスも回復する

# 脳HACK／100

# 脳内のバブル活動のあと、脳は何かを学ぶ

　何か言った瞬間に「あ、そうか」とわかる時、脳の中では0.1秒間だけ、バブル型の活動が生じるのです。よく刑事ドラマなどで、1枚の写真を見た刑事が、事件の謎がすべて解けたとひとり合点する瞬間も同じです。

　ひらめきのメカニズムは、ACC（前帯状皮質）とLPFC（前頭前野外側部）が担っています。側頭葉で新しいことを見つけた時に、「ACC」は、脳の司令塔ともいうべき「LPFC」に情報を送り、「LPFC」は、脳内の各神経細胞に信号を送っているのです。

　そしてこの「あ、そうか」と思う時、脳の中でバブルのように急激な活動が生じ、右図のグラフのように急激な上昇カーブが描かれています。そして時間の経過とともにやがて沈静化していくわけです。

　つまり、**あなたの脳は、この世に生を享けてから何回もバブルを経験しているのです**。それがあなたの「バブル力」です。

　このバブル活動は、恋愛でも同様です。一目会った瞬間から恋に落ちる—— そのような経験をした人もいるでしょう。そして熱に浮かされたように夢中になってつき合い始める。この世界があたかもふたりを祝福するために存在しているかのような気分です。

　一目ぼれは、脳科学的にいえば、大脳皮質よりもさらに早く扁桃体が反応しているということです。それは無意識下の

反応です。そして意識下の反応である大脳皮質があとからついてくるという状況です。

さらに生活習慣の観点でいえば、「マイブーム」も脳のバブル活動といえます。たとえば韓国ドラマにはまる、大好きな食べ物を毎日食べる、アロマに凝る……これらの行動は、脳内のバブル活動です。

一時的に猛々（たけだけ）しく熱狂し、泡沫（うたかた）のように消えていく。このような現象は、人生を振り返った時、何回も何回もあったのではないでしょうか。

そしてここで重要なのは、脳内のバブル活動が起こったあとには、脳は必ず何かを学んでいるということです。

## 脳の中ではバブルが起こっている

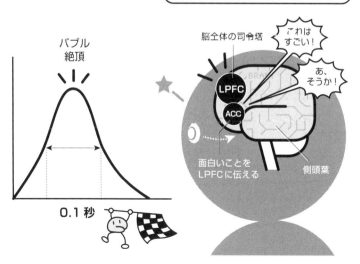

〈著者略歴〉

**茂木健一郎**（もぎ・けんいちろう）

脳科学者。ソニーコンピュータサイエンス研究所シニアリサーチャー。1962年、東京生まれ。東京大学理学部、法学部卒業後、東京大学大学院理学系研究科物理学専攻博士課程修了。理学博士。理化学研究所、ケンブリッジ大学を経て現職。『脳と仮想』（新潮社）で小林秀雄賞を、『今、ここからすべての場所へ』（筑摩書房）で桑原武夫学芸賞を受賞。著書に、『脳を活かす勉強法』『幸福になる「脳の使い方」』（以上、PHP研究所）他多数。

装　　丁 —— 齋藤稔（株式会社ジーラム）
写　　真 —— まるやゆういち
編集協力 —— 石井綾子
参考図書 —— 『脳を活かす勉強法』　『脳を活かす仕事術』
　　　　　　『脳を活かす生活術』　『脳を活かす伝え方、聞き方』
　　　　　　『脳と心の整理術』　　『「読む、書く、話す」脳活用術』
　　　　　　『幸福になる「脳の使い方」』以上、PHP研究所
　　　　　　『人づきあいの流儀』成美文庫
　　　　　　『脳を最高に活かせる人の朝時間』河出文庫

# 脳HACK大全

2019年10月8日　第1版第1刷発行

著　者　　茂　木　健　一　郎
発行者　　後　藤　淳　一
発行所　　株　式　会　社　P　H　P　研　究　所
東京本部　〒135-8137　江東区豊洲5-6-52
　　第四制作部　人生教養課　☎ 03-3520-9614（編集）
　　　　　　　　　普及部　　☎ 03-3520-9630（販売）
京都本部　〒601-8411　京都市南区西九条北ノ内町11
PHP INTERFACE　https://www.php.co.jp/

組　版　　齋　藤　稔（株式会社ジーラム)
印刷所　　株　式　会　社　精　興　社
製本所　　株　式　会　社　大　進　堂

© Kenichiro Mogi 2019 Printed in Japan　　ISBN978-4-569-84390-2
※本書の無断複製（コピー・スキャン・デジタル化等）は著作権法で認められた場合を除き、禁じられています。また、本書を代行業者等に依頼してスキャンやデジタル化することは、いかなる場合でも認められておりません。
※落丁・乱丁本の場合は弊社制作管理部（☎03-3520-9626）へご連絡下さい。送料弊社負担にてお取り替えいたします。